Karin B. Redecker

Die POLIN und die ALTEN MÄNNER

Roman

Impressum

64625 Bensheim-Auerbach, Am Höllberg 25
Kontakt: mailbox@karin-redecker.de
Twitter: https://twitter.com/KarinRedecker
www.facebook.com/pages/K.B.Redecker
Fotos: U1 Fotolia©500px, U4 Fotolia©5ph
Layout: Karin B. Redecker
www.karin-Redecker.de
Lektorat: worttaten.de, Michael Lohmann

Herstellung und Druck über tolino media GmbH & Co. KG,
Albrechtstr. 14, 80636 München. Printed in Germany.
Fragen zu Produktsicherheit an: gpsr@tolino.media.

Über die Autorin
Karin B. Redecker absolvierte eine Verlagsausbildung bei einer bekannten Frankfurter Tageszeitung.
Sie arbeitete später viele Jahre, gemeinsam mit ihrem Mann, als Redakteurin und Layouterin im eigenen Verlag, bevor sie sich in Italien niederließ. Dort hatte sie endlich die Zeit gefunden, mit dem Romanschreiben anzufangen und es entstanden hier ihre ersten beiden Romane.
Die Pflegebedürftigkeit der Mutter und der Tochter holte sie jedoch wieder aus Italien zurück. Hier folgten weiterere Romane und da das Dichten schon immer zu ihren Leidenschaften gehörte, kamen auch noch zwei Gedichtbände hinzu, die sie stets mit einem Augenzwinkern niedergeschrieben hat.
Sie selbst sagt über sich: Schreiben macht mir Freude und ich möchte die Leser nur gut unterhalten. Mein Kopf ist voller Geschichten, denn wie sang einst André Heller: »Die wahren Abenteuer sind im Kopf und sind sie nicht im Kopf, dann sind sie nirgendwo!«

Buchbeschreibung

Du lebst alleine und bist nicht mehr der/die Jüngste? Dann ist der Inhalt meines Romans für Dich vielleicht ein Wink mit dem Zaunpfahl, wie man sein Leben, wenn Einschränkungen kommen, regeln kann und dabei auch noch Spaß haben kann.

Das Altern ist ein fortschreitender, nicht umkehrbarer Prozess, der mit dem Tod endet. Das macht das Thema für viele so unangenehm.

Wir alle werden älter, Tag für Tag, Sekunde für Sekunde. Vielleicht stellt sich manch einer schon heute die Frage, die sich Reiner Schöne in seinem Lied ›Werd ich noch jung sein, wenn ich älter bin‹ gestellt hat. Oder, ›Alt werden ist nichts für Feiglinge‹ sagte einst Mae West.

Agatha Christie fand für ihr Altern eine frappante Lösung. »Je älter ich werde«, verkündete sie, »desto interessanter werde ich für meinen Mann.«

Ihr Mann war Archäologe.

Was ist, wenn Du Deinen Alltag nicht mehr allein bewältigen kannst. Wenn Du krank wirst? Wenn Du Dein Zuhause nicht verlassen möchtest? Wenn Du Dich fragst, wie viele Geburtstage Du noch erleben wirst?

In diese Lebensphase einiger reifer alleinstehender Männern tritt die junge Polin Ewa, die eine unglückliche Jugend mit einer kranken Mutter und einem alkoholsüchtigen Vater hinter sich hat. Nach dem Tod des Vaters sucht sie ihr Glück in Deutschland. Sie findet nach schwierigen Anfängen bei einem alten Ehepaar, die eine Eigentumswohnung in einem Hochhaus in Bad Soden bewohnen, einen Job als Vierundzwanzig-Stunden-Pflegekraft. Sie bietet ihnen Wege an, die ihr Leben leichter und glücklicher machen.

Inhaltsverzeichnis

Impressum 2
Über die Autorin 3
Buchbeschreibung 4
Bad Soden 2006 – der Sturz 6
Masuren, Polen – Ewas Zuhause 9
Der Treppensturz 15
Martin, der Pfleger 18
Bei Milena 21
Bad Soden 2007 28
Else 38
Im Krankenhaus 41
Spätsommer 2008 45
Einkaufen 52
Elses Sturz 55
Karl stellt Otto vor 59
Otto Neuhaus 62
Else 2009 66
Peter Münster 72
Einladung zum Essen 77
Die Verwandlung 80
Beerdigung 90
Nach Elses Tod 95
Das erste Abendessen 98
Frau Schneider 100
Hans und Anke 103
Karl hat ein Problem 124
Hans stellt sich vor 127
Otto erzählt von Russland 130
Im Ferienhaus 144

Trarego Viggiona, Lago Maggiore 149
Einkaufszentrum 152
Vor dem Sommerfest 155
Milena und Martin 158
Anke 160
Gartenfest 162
Karl ist verschwunden 166
Italien 171
Das erste Frühstück 179
Wieder zu Hause 185
Beim Renovieren 189
Peters Angebot 192
Martins Pläne 197
Anke ist zurück 199
Martins Werbung 204
Ewa zieht bei Peter ein 207
Otto ist krank 209
Peters Plan 212
Tratschweib 214
Auf Peters Terrasse 217
Die erste Kundin 221
Ewa findet Peters Brief 223
Frau Stegner 227
Bei der Kosmetikerin 232
Gewitter 234
Milena und Martin packen 238
Verliebt 241
Notarvertrag 243
Peters Abschied 247

Otto und Anke 252
Freundschaftsbaum 258
Oranienstraße 261
Der Antrag 263
Trauung 268
Einpacken 272
Die blaue Pille 274
Allein 278
Leseprobe Das Gift des Oleanders 282
Leseprobe Die Toten von Ascona 289
Vorschau Das Glück wohnte in Lissabon 299

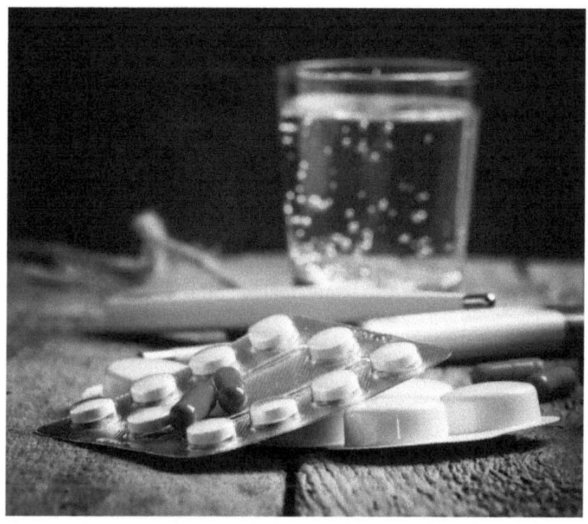

Die Personen und Handlungen in diesem Buch sind frei erfunden. Inspiriert für diesen Roman wurde ich durch eigene Erfahrungen mit dem Thema Pflege innerhalb meiner Familie. Etwaige Ähnlichkeiten mit tatsächlichen Begebenheiten, mit lebenden oder verstorbenen Personen sind rein zufällig.

Bad Soden 2006 – der Sturz

Ohrenbetäubendes Sirenengeräusch drang durch die Straßen der Kleinstadt. Es schreckte die Bewohner des achtstöckigen Hochhauses auf, die an ihre Fenster stürmten. Alle wollten sehen, was los war.
Blaulichter wohin man sah. Sanitäter und Notärzte rannten vor dem Haupteingang routiniert mit einer Tragbahre Richtung Notarztwagen. Auch Polizisten waren vor Ort. Sie sperrten das Areal weitläufig ab. Zufällig vorbeikommende Gaffer sowie einige Nachbarn der angrenzenden Ein- und Zweifamilienhäuser kamen angelaufen. Sie drängelten sich hinter dem Absperrband, um ja nichts zu verpassen.
»Da ist jemand runtergesprungen!«, rief ein Schaulustiger einem anderen zu.
»War wohl Selbstmord!«
Ein Sanitäter schubste einen der Gaffer grob zur Seite. »Machen Sie doch Platz! Sie behindern nur unsere Arbeit. Gehen Sie nach Hause, hier gibt es nichts zu sehen!«
An der Eingangstür stand eine kleine Gruppe aufgeregter Menschen zusammen: Bewohner des Hauses, die sich um eine ältere Frau gruppiert hatten, die redete aufgewühlt auf die anderen ein. Augenscheinlich wusste sie mehr über das, was passiert war. Einer der beiden Notarztwagen raste mit schrillem Martinshorn Richtung Krankenhaus davon.
Der leitende Polizist ging auf die Hausbewohner zu, um sie zu befragen. Die ältere Dame, die sich vorher deutlich hervorgetan hatte, wurde als Erste befragt.

»Ich bin die Hausmeisterin und heiße Elvira Schneider«, erklärte sie atemlos mit hochrotem Kopf.
»Ich habe alles genau gesehen, weil ich gerade Unkraut vor dem Haus gezupft habe. Die anderen Herrschaften sind erst später dazu gekommen.«
Nun musste sie erst einmal tief Luft holen, um weitersprechen zu können.
»Mir war vorher schon aufgefallen, dass Frau Mehring, so heißt die Frau, am Notausgangsbalkon der achten Etage runtergeschaut hat. Ich habe ihr noch einen Gruß hinaufgerufen, den sie allerdings nicht erwidert hat. Plötzlich hörte ich neben mir einen lauten Knall und dann sah ich Frau Mehring hier aufschlagen. Sie wohnt oben in der Penthousewohnung. Ihr Mann ist nicht zu Hause. Ich habe ihn vor ungefähr einer Stunde wegfahren sehen.«
Frau Schneider griff sich erneut ans Herz und sprach stockend, holte immer wieder tief Luft.
»O Gott, o Gott! Was wird ihr Mann nur sagen, wenn er nach Hause kommt!«
Sie war völlig durch den Wind und wedelte sich ständig mit einem Papierstück frische Luft zu.
»Hier, nehmen Sie erst einmal einen Schluck Wasser zur Beruhigung, sonst kippen Sie mir noch um.«
Der Polizist hakte sich bei ihr ein und begleitete die Hausmeisterin zurück in ihre Wohnung. Sicherheitshalber rief er nach einem der Notärzte, damit er sich um die Dame kümmerte, die offensichtlich einen Schock erlitten hatte.

Am nächsten Tag konnte man in der Zeitung lesen ...

Aus dem 8. Stock gesprungen und überlebt!

Die 38-jährige Anke M. überlebte den Sprung aus dem 8. Stock vom frei zugänglichen Notausgangsbalkon. Die Polizei stellte keine Anzeichen äußerer Gewalteinwirkung fest und schloss die Ermittlungen relativ schnell ab. Sie ging von versuchtem Selbstmord aus, vermutlich hervorgerufen durch Depressionen, infolge widriger Lebensumstände. Die junge Frau war drei Meter über dem Betonboden auf ein Vordach geprallt und kam mit Knochenbrüchen davon. Die Polizei spricht von unglaublichem Glück und einer Heerschar von Schutzengeln.

Die Ärzte des Kreiskrankenhauses gaben nach ersten Untersuchungen bekannt, dass keine Lebensgefahr mehr bestünde. Sie erlitt mehrere Brüche im Schultergelenk und im Becken. Die inneren Verletzungen müssen erst noch abgeklärt werden.

Masuren, Polen – Ewas Zuhause

Es war heiß an diesem Sommertag. Abgespannt fuhr Ewa ganz langsam in die kleine enge Gasse hinein. Sie war beidseitig gesäumt von verwitterten, schmucklosen Häusern, die in direkter Nachbarschaft zu ihrem nicht weniger heruntergekommenen Haus standen. Mit einem kratzenden Geräusch schaltete sie einen Gang zurück. Nun musste sie etwas mehr Gas geben, um mit ihrem rostigen Golf die holprige Zufahrt zu ihrem Haus hinaufzukommen.

Oben parkte sie ihr Auto im kühlen Schatten des Kirschbaums, der schon seit ihrer Kindheit an dieser Stelle stand. Er hatte sich im Laufe der Jahre zu einem mächtigen Baum mit ausladender Krone entwickelt. Immer wenn ihr Vater wieder einmal betrunken nach ihr suchte und seine immense Wut an ihr auslassen wollte, hatte sie als Kind in seinen Ästen Zuflucht gefunden.

Meist hatte er zuvor schon ihre Mutter mit Schlägen traktiert, die es glücklicherweise doch immer wieder schaffte, durch die Hintertür zu ihrer Nachbarin zu flüchten. Das war schon über zehn Jahre her. Ihre Mutter konnte sich nun auf dem Friedhof von ihrem leidvollen Leben an der Seite eines gewalttätigen Alkoholikers erholen. Sie starb mit nur neunundvierzig Jahren an einem zu spät diagnostizierten Lymphdrüsenkrebs. Das schreckliche Dahinsiechen der Mutter war eine schlimme Zeit für Ewa, in der sie, damals gerade Anfang zwanzig, Haushalt, Beruf und Pflege unter einen Hut bringen musste.

Auch heute hoffte sie, dass der Vater nicht zu Hause war. Sie verschloss ihr Auto und spähte ängstlich durch das Küchenfenster und lauschte, ob sie irgendwelche Geräusche vernehmen konnte.
Im Grunde befand sie sich im besten Heiratsalter. Aber Kandidaten traten weit und breit nicht in Sicht. Die jungen Männer, die Ewa gefielen, waren entweder bereits vergeben oder auf der Suche nach einem besseren Leben ins Ausland abgewandert. Außerdem war Ewa nicht gerade eine Schönheit, kein Mann hatte sich bis dato ernsthaft für sie interessiert. Von der Natur mit roten Haaren und einer blassen Haut ausgestattet, von Sommersprossen übersät, wurde sie schon in der Schule von ihren Mitschülern gehänselt. »marchewka, marchewka«, Karotte, riefen sie immer laut lachend hinter ihr her. Sie lief anfangs oft weinend nach Hause. Im Laufe der Jahre prallte diese Hänselei immer mehr an ihr ab, wenn sich diese Zeit auch tief in ihre Seele eingebrannt hatte. Die Anspielungen auf ihre Haarfarbe ließ mit der Zeit auch nach, aber den Spitznamen ›marchewka‹ behielt sie.
Das harte Leben mit ihrem aufbrausenden Vater und der kranken Mutter hatte Spuren in ihrem Gesicht hinterlassen. Sie war mit der Zeit immer mehr zu einer traurigen Gestalt geworden, der man ansah, dass ihr Leben kein Zuckerschlecken war. Und Geld für schöne Dinge wie Kleidung und Kosmetik blieb sowieso nicht übrig. Meistens trug sie die Kleider ihrer Verwandten und Bekannten aus dem Ausland auf; die wussten, in welch ärmlichen Verhältnissen die Fami-

lie lebte. Dass der Vater das wenige Geld versoff, war allgemein bekannt. Er hatte vor vielen Jahren seinen Job verloren und sich danach immer mehr dem Alkohol hingegeben. Nicht einmal für die Beerdigung der Mutter blieb genügend Geld übrig. Deshalb musste die Gemeinde die anfallenden Gebühren übernehmen, wofür Ewa sich heute noch schämte.

Der Tod der Mutter machte alles nur noch schlimmer. Von da an war es normal, dass sie den Vater nur noch betrunken erlebte. Schon morgens brauchte er seine Ration, um sich dann tagsüber mit seinen Saufkumpanen den Rest zu geben. Die Folgen nahm sie als verheerend wahr: Am schlimmsten war es, wenn er die ganze Wohnung vollkotzte oder noch schlimmer, sich in die Hosen machte. Damit nicht genug: Eines Tages öffnete er ihren Kleiderschrank und urinierte einfach hinein. Widerlich!

»Du ekliges Schwein! Ich kann dich nicht mehr ertragen, du bist einfach nur widerwärtig!«, brüllte sie ihn wütend an.

»Halt's Maul, du alte Schlampe!«

Der ordinären Antwort folgte auch noch ein Schlag ins Gesicht.

Ewa kotzte dies alles an und mehr als einmal wünschte sie sich, dass der Vater einfach nicht mehr nach Hause kommen würde.

So bestand ihr trauriges Leben nur aus Aufstehen, zur Arbeit gehen und den Haushalt einigermaßen sauber zu halten. Einzig Milena, eine lustige Dunkelhaarige, mit der sie schon seit der Grundschule befreundet war, stand ihr immer zur Seite. Sie kannte ihre schwierige familiäre Situation und verteidigte sie oft, wenn andere Witze über ihr ärmliches Äußere machten.

Zu ihrem Leidwesen war Milena jedoch bereits vor einem Jahr nach Deutschland zum Arbeiten ausgewandert. Dort konnte sie mehr als das Dreifache verdienen.

Zuerst jobbte sie als selbstständige Erntehelferin mit Wohnsitz in Polen bei der Spargel- und Obsternte und als Serviererin in Hotels und Gaststätten. Das war zwar auch kein Zuckerschlecken, aber der Lohn dafür stellte sich im Vergleich zu Ewas Einkünften als phänomenal heraus. Wenn sie nach Polen mit dem Bus zurückkam, war sie meistens super modisch gekleidet und brachte viele Geschenke für Freunde und Familie mit.

»Komm doch auch mit nach Deutschland!«, drängelte sie ständig. »Dann könnten wir zusammen eine kleine Wohnung mieten, uns den Haushalt und die Kosten teilen. Das wäre doch toll!«

Wie gern hätte Ewa Ja gesagt. Aber sie konnte ihren Vater nicht allein zurücklassen. Wenn sie ihn auch mehr und mehr hasste, ja, sich sogar häufig vor ihm ekelte, so hatte sie doch ein hohes Verantwortungsbewusstsein.

Schließlich hatte es auch mal bessere Zeiten mit ihrem Vater gegeben. Zeiten, in denen er noch regelmäßig arbeitete und liebevoll mit ihr umgegangen war. Dieses *Früher* hielt sie sich stets dann vor

Augen, wenn er mal wieder besoffen herumkrakeelte und die Wohnung einsaute.
Schlimm war, dass er immer aggressiver und obendrein handgreiflicher wurde. Einmal fasste er sie an den Busen und wollte sie weiter begrabschen. Dabei rief er den Namen ihrer Mutter. Wahrscheinlich war er so desorientiert, dass er glaubte, ihre Mutter vor sich zu haben, der sie auffallend ähnlich sah. Diesen Übergriff konnte sie nur abwehren, indem sie vor ihm floh und sich in ihr Zimmer einschloss. Daraufhin rüttelte er an der Türklinke, brüllte vor ihrem Zimmer unflätig herum und es dauerte einige Zeit, bis er sich wieder beruhigt hatte. Diese Vorkommnisse hinterließen bei ihr ein unbeschreibliches Hassgefühl, das sie nur schwer kontrollieren konnte.
Immer öfter ging sie ihm aus dem Weg und schloss sich in ihr Zimmer ein. Manchmal sah sie ihn nahezu eine Woche überhaupt nicht. Da er sowieso fast nie zu Hause war, wenn sie von der Arbeit kam, konnte sie sich in Ruhe ein Abendessen machen. Sie stellte für ihn dann nur noch eine Kleinigkeit in den Kühlschrank. Aber meistens war er so besoffen, dass er das nicht einmal bemerkte. Wenn sie Glück hatte, lag er morgens in seinem Bett und schlief seinen Rausch aus. Wenn sie Pech hatte, lag er zusammengekauert auf dem Fußboden – in der Regel in Erbrochenem oder schlimmer noch, wenn er sich mal wieder in die Hose gemacht hatte. Es wurde immer unerträglicher und es ging allmählich über ihre Kräfte, den Haushalt noch halbwegs sauber zu halten.

Manchmal dachte sie ernsthaft daran, ihre Koffer zu packen und Milena nachzureisen. Aber ihr schlechtes Gewissen plagte sie sofort und sie dachte an das Versprechen, das sie ihrer Mutter am Sterbebett gegeben hatte.
»Bitte kümmere dich um deinen Vater, wenn ich nicht mehr da bin. Er ist kein schlechter Mensch, es ist nur der Alkohol, der ihn dazu macht. Versprich mir das!«
Und Ewa, der die Krankheit der Mutter emotional sehr zusetzte, hatte genickt und ihre Hand gestreichelt.

Der Treppensturz

Es war ganz still im Haus an diesem Tag. Ewa sah, dass der Vater noch nicht zuhause war, und schloss erleichtert die Haustür auf. Sie ging direkt in ihr Zimmer nach oben, um sich frisch zu machen. Als sie aus dem Bad kam, hörte sie lautes Poltern und gleich darauf kam ihr Vater volltrunken langsam die Treppe hinauf. Schon auf der Treppe streckte er seine Arme nach ihr aus und lallte den Namen ihrer Mutter. Ewa dachte an sein letztes Begrabschen und wollte in ihr Zimmer fliehen. In der Hektik blieb sie mit ihrem Hausschuh an dem kleinen, verrutschten Teppich hängen. Vor Wut und voller Panik hakte sie absichtlich noch etwas nach, sodass der Teppich Falten warf. Das war genau der Moment, in dem ihr Vater die letzte Stufe genommen hatte und mit einem Fuß bereits auf dem Läufer stand. Schnell zog sie noch einmal heftig an dem Läufer. Dabei kam ihr Vater ins Wanken, ruderte mit den Armen und verlor das Gleichgewicht. Er stürzte rückwärts die Treppe mit lautem Getöse hinunter und schlug unten mit dem Kopf auf dem Steinboden auf. Es klang einfach fürchterlich! Sie hörte überdeutlich seinen Schrei und das Krachen seiner Knochen.

Ewa fuhr der Schreck in alle Glieder. Wie gelähmt stand sie mit offenem Mund am Treppengeländer und wagte es kaum zu atmen. Ganz plötzlich war es totenstill im Haus.

»O mein Gott, was habe ich getan«, flüsterte sie. Vorsichtig schaute sie die Treppe hinunter und sah den

Vater leblos unten auf dem Steinboden liegen. Seine Augen starrten ins Leere.
Völlig aufgelöst brauchte sie einige Zeit, um zu begreifen, was gerade geschehen war. Ihr Herz raste wie wild, sie hatte Mühe, sich zu konzentrieren. Sie erinnerte sich an einen Entspannungskurs, den sie früher einmal mit Milena besucht hatte. »Einatmen – ausatmen!« Sie sprach diese beiden Worte monoton vor sich hin, bis sie sich einigermaßen beruhigt hatte.
Selbst wenn sie Schuld an dem Sturz hatte, so war es doch ein Unfall. Sie beschönigte nach dem ersten Schock das Geschehen. Und dass sie an dem Teppich hängen geblieben war, ja sogar noch nachgeholfen hatte, musste ja niemand wissen.
Besser wenn ich sage, dass ich in meinem Zimmer war und einen lauten Knall gehört habe, dachte sie und legte sich in Gedanken alles zurecht, was sie später erzählen wollte.
Die Treppe hinunter zum Telefon zu gehen, wagte sie nicht. Sie trat deshalb auf den Balkon vor ihrem Zimmer. Sie rief vom Fenster aus nach der Nachbarin, die sie in ihrem kleinen Garten beim Ernten sah.
»Edyta, ruf bitte den Notarzt. Mein Vater ist die Treppe hinuntergestürzt. Ich glaube, er ist tot.«
Sie schrie es hinaus, Edyta reagiert zum Glück auch sofort und eilte zurück ins Haus.
Dann ging alles sehr schnell. Der Notarzt stellte den hohen Promillegehalt des Vaters fest; es war allen Helfer klar, dass er im Alkoholrausch die Treppe hinuntergestürzt war. Zumal sie ihn alle als häufig ran-

dalierenden Trinker kannten. Dass Ewa eventuell nachgeholfen haben könnte, kam niemand in den Sinn.

Von nun an war alles anders. Ewa fühlte sich mehr und mehr wie neugeboren und von Tag zu Tag befreiter. Ja, sie war über die neu gewonnene Freiheit geradezu glücklich. Dass sie am Tod des Vaters nicht ganz unschuldig war, konnte sie problemlos verdrängen. Sie fand es sogar richtig, es getan zu haben. Ihr anfänglich schlechtes Gewissen war wie weggeblasen, Trotz machte sich breit. Schließlich hatte auch sie ein Leben, das ihr lange genug verwehrt wurde. Sie war jetzt fünfunddreißig Jahre alt und musste den Vater nicht mehr fürchten. Endlich konnte sie sich auf ihr eigenes Leben konzentrieren. Genau das, und nur das, wollte sie von nun an tun.

Martin, der Pfleger

»So, Herr Mertens, ich fahre Sie jetzt zum Duschen!« Der kräftige Pfleger Martin Berger half dem alten Mann aus seiner Liegeposition und hob ihn mit einem kräftigen Schwung in den Rollstuhl.

»Wo haben wir denn die Handtücher?«, fragte er liebenswürdig und der alte Herr Mertens deutete wortlos auf die Schublade des Beistelltischchens. Sprechen war ihm nach seiner Hals-OP nicht möglich.

Martin öffnete die Schublade und erkannte routiniert, dass auch das Portemonnaie des Kranken ganz hinten in der Schublade lag. Daneben noch seine Armbanduhr und ein älteres Handy.

Wunderbar. Wie auf dem Präsentierteller!

Er gab dem Rollstuhl einen kleinen Schubs, sodass der Patient nicht sehen konnte, wie er das Portemonnaie öffnete und den größten Geldschein entnahm. Immerhin fünfzig Euro! Die verschwanden in seinem Kittel. Erst dann nahm er den Spindschlüssel und holte frische Handtücher aus dem schmalen Schrank.

»Auf geht's«, sagte er fröhlich und schob Herrn Mertens durch den Flur in Richtung Dusche.

Als er danach ins Schwesternzimmer zurückkam, nahm ihn Schwester Elke sofort zur Seite.

»Es wurde schon wieder was geklaut!«, rief sie aufgeregt. Sie war empört und besprach mit ihren Kollegen, welche Maßnahmen man noch ergreifen könnte. »Es ist unmöglich, jeden Besucher hier zu kontrollieren. Jeder muss einfach auf seine Wertsachen selbst aufpassen.«

Schwester Erika sagte das äußerst aufgeregt. »Wir haben doch schließlich genug um die Ohren und können nicht überall sein.«
»Patienten werden ständig angehalten, große Geldbeträge und teure Wertgegenstände gar nicht erst mitzubringen. Sie können sie gegen eine Quittung in der Zahlstelle abliefern. Nur dann haftet das Klinikum bei einem eventuellen Diebstahl!«, sagte die Stationsschwester.
»Ja klar, das müssen die Patienten einsehen! Die vielen Besucher zu allen Zeiten, das ist nicht zu kontrollieren und auch überhaupt nicht unsere Aufgabe!«
Der fünfunddreißigjährige Pfleger Martin empörte sich bewusst übertrieben. Insgeheim grinste er sich eins. Diese Woche war wieder einmal ungemein profitabel für ihn. Über fünfhundert Euro hatte er zusätzlich eingenommen. Irgendwie musste sich diese Schinderei doch für ihn lohnen. Hinzu kamen noch die kleineren Medikamentendiebstähle, die Packungen hortet er. Man weiß nie, wie man das alles mal gebrauchen kann, war seine Devise.
Martin war auf der Station beliebt. Immer hilfsbereit, immer kollegial und freundlich zu den Patienten. So hatte er schnell allerseits das Vertrauen gewonnen, das für seine diebischen Aktivitäten vorteilhaft war.
Gern erinnerte er sich an den Fall einer Neunzigjährigen, schon etwas senil. Sie hatte ihre gesamten Ersparnisse mit ins Krankenhaus gebracht. Insgesamt zwanzigtausend Euro hatte sie auf mehrere Briefumschläge verteilt und in ihrer Handtasche versteckt. Die

Handtasche hatte sie leichtsinnigerweise in ihrem Spind verstaut. Das hatte sie Martin im Vertrauen mitgeteilt. Was die Dame allerdings nicht ahnen konnte, war, dass sie das Krankenhaus nie mehr verlassen sollte.

Als das Martin bewusst war, wagte er es, sich dieses Geld anzueignen. Kein Mensch wusste davon und sein neues Auto konnte er damit finanzieren. Das war ein Glückstreffer für ihn, der sich so schnell nicht wiederholen würde, das war ihm klar.

Auf den Stationen laufen so viele Patienten, Besucher und andere Gäste herum, dass Diebe kaum auszumachen sind. Das ist allen klar. Und da ist es schon sehr unwahrscheinlich, dass so ein freundlicher junger Mann wie Martin in Verdacht gerät. Pfeifend machte sich der Dieb auf den Weg zum nächsten Patienten.

Bei Milena

Ewa Nowak stand in der kleinen Küche, die sie sich mit Milena teilte, und kochte für beide eine Gemüsesuppe für den Abend. Sie tat, was sie konnte, um sich bei Milena nützlich zu machen. Viel an Miete konnte sie nicht beisteuern, da sie selbst nur wenig Geld verdiente. Ihr gespartes Geld wollte sie auf keinen Fall angreifen. Es war eh schon gewaltig geschrumpft. Die vielen Ausgaben für die gemeinsame Wohnung und für die Dinge, die sie sich vorher nicht leisten konnte, ließen ihr Gespartes schmelzen. Aber trotz allem war sie glücklich über ihre Entscheidung, nach Deutschland zu gehen. Und Milena übertrug ihre positive Einstellung zum Leben auf sie und bestärkte sie darin, nur nicht aufzugeben. »Du wirst sehen, bald schon haben wir es geschafft und können wie die Deutschen leben.«

Sie hatte nur drei Putzstellen in der Woche. Ab und zu noch eine zusätzliche auf Zuruf, wenn eine der betuchten Damen aus der Kleinstadt ihre Hilfe benötigte. Aber das waren dann stets keine einfachen Arbeiten. Meistens ging es um anstrengende Grundreinigungen, die die Damen gern an andere abgaben: das gründliche Putzen von Bädern und Küchen oder das Säubern eines völlig verdreckten Kellers. Man musste dann in dunklen, kalten Räumen so richtig im Dreck wühlen, der sich seit langer Zeit angesammelt hatte. Das ging ganz schön in den Rücken und die paar Euro waren schwer verdientes Geld. Sie musste halt nehmen, was kam, und war froh, wenigstens drei

feste Putzstellen mit jeweils drei Stunden pro Woche zu haben, immerhin neun Stunden in der Woche und damit knapp neunzig Euro. Aber einfach zu wenig, um sich etwas leisten zu können. Hinzu noch ein paar Extra-Euro von spontanen Aufträgen. Trotz allem kam sie selten über sechshundert Euro im Monat, was natürlich deprimierend war, denn das Leben in Deutschland war relativ teuer. Das hatte sie sich doch alles anders vorgestellt, als sie vor etwa einem Jahr aus Polen kam. Die vielen schönen Dinge, die sie in den Schaufenstern sah, blieben für sie noch unerreichbar – die Sehnsucht danach war groß.
Die erste Zeit war schwer für sie. Wenn sie Milena nicht gehabt hätte, wäre sie bestimmt ganz schnell wieder zurück nach Polen. Aber Milena, die einen guten Job im Krankenhaus hatte, ließ nicht locker. Sie nahm sie wie selbstverständlich bei sich auf, schickte sie sofort in einen Deutschkurs für Fortgeschrittene und verschaffte ihr auch schnell die erste Putzstelle. So entwickelte sich alles nach und nach zum Besseren.
Trotz vieler Probleme schien alles leichter als in Polen. Wenn sie nur zurückdachte an die schlimme Zeit mit dem alkoholkranken Vater, der sich fast totgesoffen hatte. An dem Treppensturz war er schließlich selbst schuld, wie sie sich stets einredete. Dass sie dabei nachgeholfen hatte, hatte sie in der Zwischenzeit total verdrängt.
Das wenige Geld konnte sie nun für sich behalten und es wurde nicht für den Alkohol des Vaters verschwen-

det. Es hatte Zeiten gegeben, da konnte sie nicht einmal Brot und Milch einkaufen. Sie mussten förmlich hungern, nur weil der Vater ihr Versteck mit den paar Zloty wieder aufgestöbert und in Wodka verwandelt hatte.
Als sie nach dem Tod des Vaters Tomasz kennen und lieben gelernt hatte, meinte sie, nun glücklich zu sein. Endlich war da jemand, der sie liebte und in den Arm nahm.
Sie war keine Schönheit, das war ihr wohl bewusst. Aber trotzdem war Tomasz an ihr interessiert und lud sie zum Tanzen ein. Er umwarb sie, was ihr gut gefiel.
Dass Tomasz keine Arbeit hatte, erschien ihr nicht so wichtig. Sie saß auf Wolke sieben und sah alles durch eine rosarote Brille. Dass sie der Sex mit ihm enttäuschte, schob sie auf ihre Unerfahrenheit. Er kam immer schnell zur Sache, ohne Zärtlichkeiten zuvor oder danach und nach fünf Minuten endete alles. Dann wälzte er sich zur Seite und schlief ein.
Was soll denn so toll an Sex sein?, fragte sie sich dann immer. Alles, was sie darüber gelesen und gehört hatte, stimmte nicht mit ihren Erlebnissen überein. Einen Orgasmus hatte sie noch nie erlebt und war neugierig, wie es sich mal anfühlen würde. Milena hatte ihr erzählt, dass es der Höhepunkt der sexuellen Erregung sein soll.
»Ein unbeschreibliches Zittern und gewaltiges Beben ist der höchsten Moment der Lust, wenn die Ekstase naht!«, erzählte sie ihr.

Sie redete sich ein, dass das bestimmt bei ihr noch kommen würde. Sie durfte nicht zu ungeduldig sein. Das wird schon noch!, bildete sie sich ein und träumte von einer glücklichen Ehe mit Kindern.
Tomasz drängte schon bald aufs Heiraten, was ihr natürlich sehr schmeichelte. Er ließ sie im Glauben, dass er sie über alles liebte und es kaum erwarten konnte, der Mann an ihrer Seite zu sein.
Dass es ihm in erster Linie um das Haus ging, das nun ihr gehörte, und auch darum, dass sie eine feste Arbeitsstelle hatte, wurde ihr erst später so richtig klar. So erlebte sie erneut das gleiche Dilemma wie mit ihrem Vater. Tomasz traf sich immer öfter mit seinen Freunden und versoff das wenige Geld, das sie verdiente.
Oft genug kam sie müde nach Hause und traf ihn mit seinen Saufkumpanen an, die sich auch noch über sie lustig machten.
Ihre Liebe war schneller als gedacht wieder verflogen und als er sie auch noch verprügelte, war das Maß voll. Zum Glück war gerade Milena auf Urlaub in Polen und sie konnte sie in ihrer Verzweiflung herbeirufen. Tomasz war mit seinen Freunden zum Saufen weitergezogen, sodass Milena durch die nicht verschlossene Tür unbehelligt eintreten konnte. Sie fand Ewa stark misshandelt und verstört auf dem Bett liegend vor und machte instinktiv mit ihrem Handy gleich ein paar Fotos von ihr. »Als Beweis«, wie sie sagte. Sie war nun völlig aufgewühlt, denn so etwas hatte sie noch nie gesehen. Ewa lag übersät mit

blauen Flecken und zerrissener Kleidung auf dem Bett und konnte sich kaum rühren.
Ewa gestand ihr, dass es nicht das erste Mal war, dass Tomasz sie verprügelt hatte. »Aber so schlimm wie heute war es noch nie«, gestand sie unter Tränen.
»Du musst das beenden! Er wird dich sonst noch totschlagen!« Milena hatte Mühe, sie überhaupt auf die Beine zu stellen – das Ausmaß der Verletzungen war erschreckend.
»Dieses Schwein!«, sagte sie mitfühlend und strich Ewa die tränennassen Haare zurück.
»Pass auf, ich hole meinen Bruder her. Und wenn Tomasz wieder zurückkommt, dann werfen wir ihn mit vereinten Kräften hinaus. Ich rufe gleich mal den Schlüsseldienst an und lasse das Schloss austauschen. Der kommt hier nicht mehr rein!«, sagte sie energisch.
Milenas Bruder war Polizist und besaß dadurch eine gewisse Autorität, der sich Tomasz bestimmt nicht widersetzen würde. Zumal er ihn bereits gut kannte und ihn schon mehrfach aus verschiedenen Kneipen hinausbefördert hatte. Und genauso lief es dann auch ab.
Als er mit seinen Saufkumpanen wieder in die Wohnung wollte, war das Schloss ausgetauscht. Wiktor, Milenas Bruder, hatte bereits eine Anzeige wegen körperlicher Misshandlung aufgesetzt und die Bilder, die Milena gemacht hatte, auf sein Handy überspielt. Das hielt er ihm alles unter die Nase, als er lautstark an der Wohnungstür rüttelte und hineinwollte. Zum

Glück kam es nicht zu weiteren Ausschreitungen und Tomasz zog unter lautem Protest von dannen.
Ewa reichte sofort danach die Scheidung ein und zog zum ersten Mal in ihrem Leben einen kräftigen Schlussstrich unter die Gemeinheiten ihres Lebens. Nie wieder wollte sie sich so ausbeuten lassen, das stand von nun an ganz fest für sie und schon bald fragte sie sich: Soll ich zu Milena nach Deutschland gehen?
Die Entscheidung fiel recht schnell, als Milena eingehend mit Ewa ihre Situation analysierte.
»Was willst du noch hier in diesem ärmlichen Haus. Verkaufe alles und fang ganz neu in Deutschland an. Du hast doch nichts mehr, was dich aufhalten kann. Keine Eltern, keine Verwandten. Komm zu mir und wir zwei werden uns ein schöneres Leben aufbauen. Ich habe jetzt eine feste Anstellung in einem Krankenhaus als Stationshilfe. Eine kleine Wohnung habe ich auch und es geht mir relativ gut.«
»Was musst du denn da machen?« Ewa schaute sie interessiert an.
»Ich bin bei der Speisenausgabe an die Patienten behilflich sowie bei der Reinigung des Küchen- und Stationsbereiches. Ich habe nette Kollegen und fühle mich dort wohl. Außerdem habe ich nebenbei schwarz noch eine Putzstelle.«
Ewa, die sich selbst schon in letzter Zeit oft mit dem Thema Deutschland beschäftigt und mit Begeisterung die vielen deutschen Illustrierten durchgeblättert hatte, erwärmte sich immer mehr an dem Gedanken

nach Deutschland auszuwandern. Ihr Leben konnte ja nur besser werden, schlechter ging ja nicht mehr.
So schmiedeten sie gemeinsam einen genauen Zeitplan, wie der Umzug nach Deutschland klappen könnte. Zuerst musste Ewa das Haus verkaufen. Da konnte sie zwar nicht mit viel Geld rechnen. Aber es war eine gute Starthilfe, um die erste Zeit über die Runden zu kommen. Ihre Nachbarin hatte schon mal vorsichtig angedeutet, dass sie das Haus für ihre Tochter gern kaufen würde. Die Gärten grenzten aneinander und sie könnte dann sehr gut auf ihre Enkel aufpassen. Die Tochter könnte so ihren Job weitermachen. Sie bot ihr einhundertfünfzigtausend Zloty, rund fünfunddreißigtausend Euro für das alte Haus. Das war nicht viel, aber viel für Ewa, die sich gleich ausmalte, was sie alles mit dem vielen Geld anfangen konnte.
Milena ließ nicht locker und bearbeitete sie telefonisch. Sie war dann ursächlich dafür verantwortlich, dass Ewa den Schritt wagte, das Haus verkaufte und nach Deutschland übersiedelte. So konnte sie finanziell die ersten Monate in Deutschland gut überstehen.

Bad Soden 2007

Das achtstöckige Hochhaus aus den Achtzigern war ein auffallend gepflegtes Gebäude mit vielen unterschiedlich großen Eigentumswohnungen. Erst durch den tragischen Sturz von Anke Mehring wurde es stadtbekannt.

Heute lag es in vollem Sonnenschein. Die mächtigen, Schatten spendenden Bäume mit der parkähnlichen Rasenanlage um das ganze Gebäude gaben ihm ein tadelloses Aussehen. Eine Schönheit war es nicht gerade. Lediglich das verglaste Treppenhaus und das aufgesetzte Penthouse verliehen ihm etwas an Attraktivität. Und doch unterschied es sich durch seine adrette Erscheinung von den üblichen Hochhäusern aus den Achtzigern, die oft einen heruntergekommenen Eindruck machten.

Die meist großen Balkone hatten die Bewohner üppig bepflanzt, Kaskaden in Grün hingen an den Geländern hinunter. Man konnte den Eindruck gewinnen, dass einer den anderen Bewohner übertrumpfen wollte. Es war weit und breit das einzige Hochhaus unter den angrenzenden Ein- und Zweifamilienhäusern in Bad Soden. Es befand sich in einer hochpreisigen Wohnlage unweit von Frankfurt und vor dem Tor zum Taunus. Wer hier wohnen wollte, musste mit einem hohen Kaufpreis oder einer hohen Miete rechnen. Deshalb war es nicht verwunderlich, dass sich hier nur Gutsituierte eine Wohnung leisten konnten. Wirtschaftlich Schwächere, wie man sie oft in Hochhäusern vorfindet, traf man hier nicht.

Allerdings änderte sich auch hier allmählich die Bewohnerstruktur von Eigentümern zu Mietern. Die ursprünglichen Besitzer verschwanden aus Altersgründen nach und nach aus ihren Wohnungen. Sei es durch Tod, weil sie zu ihren Kindern zogen oder schlimmstenfalls ins Pflegeheim mussten. Dann wurden die Wohnungen von den Erben vermietet oder verkauft, sodass sich die Altersstruktur immer mehr veränderte. Beim Erstbezug im Jahr 1976 waren es in der Regel mittelalte Ehepaare, die allein oder mit ihren Kindern hier einzogen. So entstand auch über die Jahre eine nette Hausgemeinschaft. Jeder bemühte sich, den Wert des Hauses nicht zu mindern. Ein Verwalter kümmerte sich um die Instandhaltung und Pflege des Gartens, ein Putzgeschwader reinigte wöchentlich das gesamte Treppenhaus. Alles in allem ein angenehmes Wohnen mit vielen Bequemlichkeiten.
Einer der Wohnungseigentümer des Hochhauses in Bad Soden war der einundachtzigjährige Karl Bauer aus dem zweiten Stock.
Er bewegte sich mühsam nach oben zu seiner Wohnung. Man sah, dass es ihm schwerfiel, die vielen Treppenstufen, eine nach der anderen, zu erklimmen. Er umfasste fest den Handlauf des Geländers und zog sich Stufe für Stufe nach oben.
Verfluchter Aufzug. Immer wenn man den mal braucht, geht das verflixte Ding nicht! Er hatte den Beutel mit den benutzten Windelhosen seiner Frau zum Müllcontainer getragen, damit sich der beißende Geruch nicht in der Wohnung ausbreiten konnte. Die-

ses Prozedere vollzog er mehrmals am Tag. Sein linkes Knie bereitete ihm immer mehr Probleme. Es schmerzte ihn mittlerweile bei jedem Schritt, sodass er sich nur mit ausgestrecktem linken Bein vorwärtsbewegen konnte. Das dauerte natürlich doppelt so lange wie früher, als er noch sportlich nach oben ging und den Aufzug aus Fitnessgründen gar nicht benutzte. Aber nun, wo er gern auf das Treppensteigen verzichtet hätte, funktionierte dieses Miststück natürlich wieder nicht.

Wegen Reparaturarbeiten bis auf Weiteres außer Betrieb. Bitte benutzen Sie das Treppenhaus, stand auf dem handgeschriebenen Zettel, der an der Aufzugstür angeklebt war. Und das nun schon seit mehreren Tagen.

Ich muss mich schon wieder beim Hausmeister beschweren. Schließlich haben wir damals hauptsächlich wegen des Aufzugs die Wohnung gekauft. Und nun ist schon zum zweiten Mal in diesem Jahr eine Reparatur nötig, dachte er und schleppte sich langsam weiter nach oben.

Und was das wieder alles kostet!

Die letzte Jahresabrechnung war empörend. Die eingesetzte Hausverwaltung verlangte immer mehr an Umlagen. Seine relativ kleine Rente ließ ziemlich wenig Spielraum zu. Auch seine Reserven schmolzen mehr und mehr zusammen.

Vor seiner Wohnungstür hörte er schon das Stöhnen seiner Frau Else. Sie versuchte wie so oft, aus ihrem Rollstuhl aufzustehen. Das kostete sie sehr viel Kraft, da das rechte Bein und der rechte Arm gelähmt waren. Sie hielt sich dann mit dem linken Arm an der Tischkante fest und zog sich mithilfe des linken Beines nach oben. Dann blieb sie ein paar Minuten stehen und man konnte ihr deutlich die Anstrengung ansehen. Aber sie hatte den festen Willen, ihre Situation zu verbessern. Das stellte sich jedoch immer als aussichtslos heraus. Die Einschränkungen waren einfach zu groß.

Jetzt waren schon vier Monate nach dem schlimmen Ereignis vergangen, an dem Karl seine Frau auf dem Boden liegend im Bad vorgefunden hatte. Er hatte seinen Herrenabend, einmal im Monat in einer nahen Apfelweinwirtschaft. Dort traf er sich mit Bekannten zum Kartenspielen und zum Klönen. Das war stets ein wichtiger Tag für ihn, der Abwechslung in seinen Senioren-Alltag brachte; er blieb diesen Treffen nur ungern fern. Und ausgerechnet an so einem Tag bekam Else ihren Schlaganfall, der ihr beider Leben auf den Kopf stellte. Sie wollte ins Bett gehen und war im Bad mit der Körperpflege beschäftigt, als es passierte. Das konnte man nur vermuten, da man sie lediglich in ihrer Unterwäsche auffand, sprechen konnte sie danach nicht mehr. Er fand sie erst nach vielen Stunden. Zuerst glaubte er, dass sie tot sei. Er war völlig fertig, rief immer wieder ihren Namen und klopfte ihr auf die Wangen. »Else, was ist mit dir? Wach auf, bitte wach doch auf«, rief er immer wieder. Es dauerte einige Minuten, bis er sich so weit gefasst hatte, dass er die Ambulanz anrufen konnte.

Der Notarzt stellte schnell fest, dass es sich um einen schweren Schlaganfall handelte. Man fuhr sofort mit Else ins nächste Kreiskrankenhaus zur Stroke Unit, der Spezialabteilung für Schlaganfälle. Besonders die lange Zeit zwischen Schlaganfall und Auffinden ließ keine günstige Prognose zu. Die Zeitspanne dazwischen war einfach zu groß.
Und so war dann auch die Diagnose niederschmetternd. Else war halbseitig gelähmt und ihr Sprachzentrum zerstört. Ausgerechnet der rechte Arm und das rechte Bein waren bewegungsunfähig und dazu hatte sie noch einen vollständigen Sprachverlust. Es kamen nur noch undefinierbare Laute aus ihrem Mund und man konnte sogar vermuten, dass auch die kognitiven Fähigkeiten beeinträchtigt waren.
Hinzu kam, dass sie plötzlich auch noch inkontinent war. Daran musste er sich ganz besonders gewöhnen. Und Else erst! Ihr war das sehr peinlich. Deshalb wollte sie ständig auf die Toilette gesetzt werden. Das war für ihn stets mit einer großen Anstrengung verbunden. Er musste Else im Pflegebett aufsetzen, zum Stehen bringen und mit einem Schwung in den Rollstuhl befördern. Das verlangte viel Kraft, die bei ihm allmählich immer mehr nachließ. Sein Rücken schmerzte vom vielen Hochheben und Zurechtrücken, sodass er selbst sich kaum noch normal bewegen konnte.
Die Verzweiflung bei beiden war groß. Vorbei war die schöne Zeit mit Reisen und Ausflügen, die sie, nachdem er in Rente gegangen war, regelmäßig ausgiebig

und gern gemacht hatten. Und die vielen Termine mit der Logopädin und der Physiotherapeutin – nichts hatte zum Erfolg geführt. Ja, man stellte sogar schnell fest, dass Else mit der noch beweglichen linken Hand nicht einmal mehr ihren Namen schreiben konnte. Sie wusste die Buchstaben einfach nicht mehr einzuordnen. Das machte deutlich, dass auch in ihrem Kopf einiges durcheinander war.
Tief einatmend und ziemlich deprimiert betrat Karl Bauer seine Wohnung. Da alle Bemühungen umsonst waren und keine Besserung festzustellen war, verfiel Else immer mehr in eine tiefe Depression. Was war nur aus der intelligenten und tatkräftigen Frau geworden? Die Krankheit veränderte sie von Tag zu Tag, und Karl fragte sich, wie das alles nun weitergehen sollte. Schließlich war er auch schon einundachtzig und nicht mehr so belastbar wie früher.
Die Wohnung war längst nicht mehr so schön und sauber, wie sie einmal gewesen war. Er konnte das einfach nicht alles allein bewältigen. Es gab viele verzweifelte Momente, in denen er am liebsten mit seinem Leben abgeschlossen hätte. Aber was würde dann aus Else werden?
Für ein Heim reichte das Geld nicht aus. Das war einfach zu teuer und alles, was er sich bisher angeschaut hatte, entsprach auch nicht im Geringsten seinen Vorstellungen. Die Menschen behandelte man in diesen Häusern wie Unmündige – einfach unwürdig. Meist wurden sie tagsüber in eine Ecke gesetzt und mit Medikamenten ruhiggestellt. Das konnte und wollte er

seiner Else nicht antun. Außerdem hätte er seine Wohnung dann dem Heim überschreiben müssen, damit es überhaupt finanziell gereicht hätte. Und das wollte er auf keinen Fall. Dafür hatten sie zu viel Herzblut in ihr Zuhause investiert.
Die Wohnung hatten sie vor zwanzig Jahren gekauft, als Karl von seiner Firma mit einer guten Abfindung frühzeitig in den Ruhestand versetzt wurde. Er war als umgeschulter EDV-Techniker bei einem großen Elektrokonzern viele Jahre beschäftigt. Als die Geschäfte schlechter gingen, wurde vielen älteren Mitarbeitern der Vorruhestand angeboten. Dieses Angebot nahm er damals recht gern an. Mit der Abfindung und einem Teil seiner Ersparnisse konnten sie sich dann diese Vier-Zimmerwohnung bar kaufen, was sie als großen Glücksfall empfanden. Die Lage der Wohnung war gut. Man konnte alle Geschäfte fußläufig erreichen, der Supermarkt war nur um die Ecke, sodass Else fast immer mit dem Fahrrad zum Einkaufen fahren konnte. Der alte Mercedes, den Karl wie einen Edelstein hütete, blieb deshalb meistens in der Garage und wurde nur bei Sonnenschein für Ausflugsfahrten benutzt. Es war ein angenehmes Wohnen mit vielen ungefähr gleichaltrigen Menschen, die Wohngemeinschaft war harmonisch. Man grüßte sich freundlich, half auch schon mal mit dem einen oder anderen aus, aber rückte dem Nachbarn nicht zu nah auf die Pelle.
Wenn er an die Anfangszeit zurückdachte, fielen ihm einige Mitbewohner ein, die zwischenzeitlich bereits

verstorben waren. Einige Wohnungen hatten bereits neue Besitzer und dadurch kam meistens jüngeres Blut ins Haus. Er und Else gehörten zu den älteren Bewohnern des Hauses. Ihm fiel der neunundsechzigjährige Herr Münster aus der Penthouse-Wohnung ein, der ihm neulich gesagt hatte, dass er mit einem Appartement in einer Seniorenresidenz in Königstein liebäugele. Als er ihn nach den Kosten fragte, fiel er fast in Ohnmacht. Rund viertausend, ohne Rundum-Pflege. Wer soll das denn bezahlen? Na, der Münster muss es aber dicke haben, dachte er neidisch.
Seine Rente war nicht gerade üppig. Sie reichte jedoch aus, um ein einigermaßen gutes Leben zu führen, obwohl die Umlagen für die Wohnung mittlerweile höher und höher wurden. Aber ihnen blieb immer noch genügend Geld für das tägliche Leben übrig. Und ein regelmäßiger Urlaub war auch noch drin, da sie noch einige tausend Euro auf dem Sparkonto hatten.
Aber jetzt sah alles doch ein bisschen anders aus. Else brauchte ständig irgendwelche Hilfsmittel für ihre Pflege. Das höhere Pflegegeld für die Pflegestufe 3 hatte er deshalb gleich nach ihrer Entlassung aus dem Krankenhaus beantragt. Der Medizinische Dienst, der das erst einmal begutachten musste, hatte sich dafür ausgesprochen. Mit dieser höheren Pflegestufe konnte er einen ambulanten Pflegedienst beauftragen, der Else dreimal täglich versorgte. Allerdings war das ein kurzes Vergnügen. Es kamen ständig wechselnde Pflegekräfte, die im Minutentakt Else mehr schlecht

als recht behandelten und das immer im Schnelldurchlauf, denn jede Minute war verplant. Am schnellsten von allen war der ›Schnelle Harry‹, wie Karl ihn immer nannte. Ein schmaler, älterer Mann mit rötlich gefärbten Haaren. Das konnte man am Haaransatz sehen, an dem die grauen Haare nachwuchsen. Dann trug er meistens einen auffälligen Halsschmuck und einen kleinen Ohrstecker. Wahrscheinlich ein ehemaliger Hippie oder schwul, dachte Karl, wenn er ihn sah.
Er kam meistens abends wie ein geölter Blitz ins Zimmer gerannt. Sofort setzte er Else auf den Toilettenstuhl, weil ihm der Weg zur Toilette wohl zu lange dauerte. Er zog ihr anschließend in Windeseile eine frische Windelhose an und fuhr ihr mit einem feuchten Waschlappen mal kurz übers Gesicht. Danach nahm er die Prothese heraus und legte sie in ihr Reinigungsgerät, schrieb seine Minuten auf und weg war er. Das Ganze dauerte maximal zehn Minuten. Selbst Elsa musste dann öfter lachen, wenn Karl ihn den ›Schnellen Harry‹ nannte und Witze über ihn machte. Im Grunde war dieser ganze Pflegeeinsatz ein Witz. Denn dann, wenn Elsa auf die Toilette wollte, und das war leider mehrfach am Tag der Fall, war niemand vom Pflegedienst da.
Karl fiel wieder die Stellenanzeige in der Regionalzeitung ein, in der eine polnische Vierundzwanzig-Stunden-Pflegekraft eine neue Stelle suchte. Schon öfter hatte er darüber nachgedacht, ob das vielleicht auch für ihn und Else eine Lösung sein könnte. Wenn

er sein Arbeitszimmer als Gästezimmer einrichten würde, könnte er doch eine solche Frau bei sich aufnehmen. Das wäre bestimmt eine riesige Erleichterung für ihn. Und wie er von der Krankenkasse erfahren hatte, würden sie ihm für die häusliche Pflege über siebenhundert Euro bezahlen. Das fand er zwar ungerecht und nicht einleuchtend, gegenüber dem wesentlich höheren Betrag, der dem ambulanten Pflegedienst bezahlt wurde.

Für ein Pflegeheim wurde von der Kasse sogar noch mehr bezahlt. Das soll mal einer verstehen, dachte er verärgert. Aber trotzdem, über eine häusliche Pflegekraft wollte er mal ernsthaft nachdenken. Er müsste nur noch wenige Euro darauflegen und könnte so die Kosten aufbringen.

Aber erst musste er selbst in die Klinik. Er sollte einen Herzschrittmacher erhalten. Else musste deshalb für ein paar Tage als Gast in das Seniorenheim des Pflegedienstes. Obwohl sie ihm mit Gesten zu verstehen gab, dass sie das nicht wollte. Aber es musste sein. Eine andere Möglichkeit sah er nicht.

Else

»Else, hast du Hunger? Ich habe noch was von gestern im Kühlschrank, das könnte ich dir aufwärmen.«
Else, die eingenickt war, schaute Karl erstaunt an, so als sähe sie ihn zum ersten Mal. Dann erkannte sie ihn wohl und schüttelte langsam den Kopf. Sie hob das vor sich stehende Glas in die Luft und zeigte ihm damit an, dass sie Durst hatte.
»Ich bring dir gleich etwas. Ich mache mir mal eine Suppe warm, denn ich habe Hunger.«
Karl schlurfte in die Küche, machte eine Suppendose auf und stellte den Topf auf die Kochplatte. Dann füllte er Elses Glas mit Orangensaft und stellte es vor sie hin. Mit ihrer linken Hand griff sie ungeschickt danach. Sie trank langsam Schluck für Schluck, wobei immer ein wenig davon auf ihren Pullover tropfte.
»Du musst auch noch deine Medikamente nehmen. Warte, ich bring dir dazu noch ein neues Glas Saft zum Runterschlucken, damit's besser rutscht«, sagte er lächelnd.
Elses Medikamentenbox war beachtlich. Die Schublädchen waren mit Montag bis Sonntag beschriftet und die tägliche Dosis sortierte er für eine Woche sorgfältig nach den Vorgaben des Arztes ein.
Da Else nach dem Schlaganfall Marcumar nehmen musste, kam auch regelmäßig der Hausarzt vorbei, um einen Quick-Test zu machen, der den Blutgerinnungswert ermittelte. Je nach Höhe des Wertes wurde die Dosierung von Marcumar verändert. Das war ein

wichtiger Vorgang, damit die Blutverdünnung nicht zu stark war, das Medikament verminderte die Blutgerinnung.
Else musste besonders drauf achten, dass sie sich nicht verletzte, weil eine Blutung bei Marcumar-Patienten nur schwer zu stoppen war.
Auch bei der Ernährung musste nun einiges beachtet werden. So sollte Else möglichst alle Kohlsorten meiden. Am besten sollte sie kein grünes Gemüse mehr essen, da diese Gemüsesorten Vitamin K enthielten, die die Wirkung von Marcumar beeinträchtigen. Es war also alles nicht so einfach für Karl. Der ganze Haushalt war ihm zu viel, und hier ganz besonders das Kochen. Damit hatte er sich in der Vergangenheit nie beschäftigt. Das war alles Elses Revier. Darin hatte sie brilliert. Sie war mit Herz und Seele eine vorbildliche Hausfrau. Sie kochte hervorragend und pflegte alles immer tipptopp. Das war jetzt natürlich anders.
Wenn er sich heute in der Wohnung umsah, musste er selbstkritisch zugeben, dass nichts mehr so aussah wie früher. Überall lag etwas herum, der Wäschekorb war immer voll und gebügelt wurde kaum noch etwas. Er faltete die meiste Wäsche einfach ungebügelt zusammen und legte sie in den Schrank. Trotz ihrer Krankheit fiel Else die Unordnung auf und sie beobachtete ihn ganz genau. Sie deutete häufig kopfschüttelnd auf den Boden, auf dem ein Krümel lag, oder zeigte ihm an, dass irgendetwas unordentlich herumlag. Das ärgerte ihn insgeheim sehr, ja regte ihn

förmlich auf. Er war halt keine Putzfrau! Else sollte doch froh sein, dass er das Ganze überhaupt einigermaßen bewältigte.

Im Krankenhaus

Karl war fast ein wenig dankbar dafür, dass er nun für einige Tage im Krankenhaus bleiben musste. Da konnte er sich wieder von seinem stressigen Alltag erholen. Seine zweistündige OP mit Vollnarkose war gut verlaufen und sein Herzschrittmacher funktionierte erwartungsgemäß. Seine Herzrhythmusstörungen waren wie weggeblasen und seine Herzfrequenz war wieder im Normalbereich. Die leichten Schulterschmerzen, hauptsächlich verursacht durch den aufliegenden Sandsack, waren erträglich und sollten nach Aussage des Arztes auch bald wieder vorbei sein. Nun konnte er die Ruhe und Pflege im Krankenhaus voll und ganz genießen – mit dem Wissen, dass das schon bald wieder vorbei sein würde. Aber erst einmal hatte er noch eine ganze Woche lang seine Ruhe, denn so lange war Else noch in dem Pflegeheim einquartiert.

Das ging nicht ohne Tränen ab. Sie weinte fürchterlich, als er sie allein ließ. Er wusste nicht, was sich in ihrem Kopf abspielte. Wahrscheinlich hatte sie Angst, dass sie für immer in diesem Heim bleiben musste. Aber das hatte er ihr doch alles ganz genau langsam und ausführlich erklärt. Aber was davon bei ihr ankam, konnte er nicht wissen. Vielleicht hatte ihr Gehirn doch mehr Schaden genommen. Wenn er an die vielen Sprach-Übungen mit ihr dachte, lag der Schluss nahe, dass doch einige Gehirnzellen abgestorben waren. Er hatte sich extra logopädische Hilfsmittel besorgt, mit denen sie täglich Übungen machte.

Besonders das Wort ›Banane‹ war ein Schlüsselwort für ihn. Wie oft hatte er ihr eine Banane hingehalten und gefragt: »Was ist das?«
Da dann keine Antwort kam, sagte er dann betont langsam: »Das ist eine Banane«.
Else sprach dann tatsächlich *B a n a n e*, jeden Buchstaben betonend nach – aber doch merkwürdig klingend. Aber bereits nach wenigen Minuten wusste sie das Wort nicht mehr. Es war deprimierend für ihn. Immer wieder dasselbe Wort zu üben, aber ohne einen Erfolg. Schon kurz danach hatte sie wieder alles vergessen.
Verblüffend für ihn war allerdings, dass sie sich gern mit einem Sudoku-Spiel für Kinder beschäftigte, das er für sie besorgt hatte. Es war ein Magnetspiel mit vielen Übungsblättern und verschiedenen Schwierigkeitsgraden. Man musste die fehlendenden einzelnen Ziffern einlegen und ergänzen. Sie konnte sich stundenlang damit befassen und bat ihn auch manchmal um Hilfe.
Erstaunlicherweise konnte sie manche Aufgabe allein lösen, was sie immer sehr glücklich machte. Auch er freute sich darüber, denn so konnte er feststellen, dass durchaus noch einige Fähigkeiten in Else steckten. Aufgeben wollten sie beide nicht.
»So Herr Bauer, da wollen wir doch mal Ihren Blutdruck messen«, meinte die Krankenschwester, die ihn immer so nett anlächelte.
»Na, sieht doch sehr gut aus. Ich glaube, dass wir Sie übermorgen schon entlassen können. Dann müssen

Sie bestimmt nur noch zur routinemäßigen Kontrolle zu uns kommen.«

Das freute ihn. Dann konnte er sich zu Hause noch ein paar Tage ohne Else erholen, denn seinen Arm musste er unbedingt noch schonen, hatte ihm der Arzt gesagt. Und das wäre ja mit Else nicht möglich, da er sie ständig festhalten und hochheben musste. Also hatte er noch ein paar Tage ganz allein für sich. Und die wollte er auch so richtig genießen.

Mit einem Rums ging die Tür zum Krankenzimmer auf und Milena, die polnische Stationshilfe, kam mit ihrem großen Teewagen herein. Mit ihr hatte er sich schon einige Male nett unterhalten, auch über seine Situation mit Else.

»Hallo Herr Bauer, wie geht es Ihnen heute?«, fragte die dunkelhaarige, zierliche Frau freundlich und hob gleichzeitig dabei seine Hausschuhe auf, um sie unter sein Bett zu stellen.

»Danke der Nachfrage. Ich darf wahrscheinlich übermorgen schon wieder raus!« Karl lächelte und setzte sich, zu einem Gespräch bereit, in seinem Bett auf. Er mochte die freundliche Polin mit der lustigen Zahnlücke zwischen den Schneidezähnen. Sie war immer zu einem kleinen Schwatz bereit und brachte etwas Abwechslung in seinen eigentlich langweiligen Krankenhausaufenthalt.

»So eine wie Sie könnte ich bei mir zu Hause gut gebrauchen! Da gibt es jede Menge zu tun und ich kann das alles gar nicht mehr allein schaffen. Sie wissen ja, dass meine Frau so krank ist.«

Milena schaute ihn keck an. »Ich könnte Ihnen meine Freundin Ewa als Pflegekraft empfehlen. Sie arbeitet momentan als Putzfrau und würde aber gern etwas anderes machen. Allerdings ist ihr Deutsch noch nicht so ganz perfekt, aber doch schon ganz gut. Sie hatte Deutschunterricht schon in der Schule und hat vor Kurzem noch einen Deutschkurs besucht.«
»Ach, das ist ja interessant. Wenn sie auch so nett ist wie Sie, wäre das vielleicht etwas für mich und meine Frau. Ich habe mir schon oft Gedanken über eine Pflegekraft gemacht. Ein Zimmer dafür müsste ich allerdings erst noch herrichten. Aber den Platz hätte ich schon.«
»Wo wohnen Sie denn Herr Bauer?«
»Meine Frau und ich haben eine Eigentumswohnung hier in Bad Soden. Im zweiten Stock in einem Hochhaus mit Aufzug.«
»Soll ich meine Freundin mal fragen und bei Ihnen vorbei schicken? So was muss man persönlich klären. Wenn Sie wollen, können Sie mir Ihre Adresse aufschreiben. Sie meldet sich dann bei Ihnen.«
Das wäre ja prima, dachte sie im Hinausgehen. Denn seit sie den deutschen Pfleger Martin näher kennengelernt hatte, wäre sie wieder gern allein in ihrer kleinen Wohnung. Dann könnte sie ihn auch mal zu sich nach Hause einladen. Und wer weiß, vielleicht würde sich dann noch mehr zwischen ihnen entwickeln, denn sie mochte Martin schon sehr gern

Spätsommer 2008

Für Ewa stand nun eventuell ein neuer Lebensabschnitt bevor, den Milena geebnet hatte. Die hatte einen netten älteren Herrn im Krankenhaus kennengelernt, der eine Vierundzwanzig-Stunden-Pflegekraft suchte. Mit festem Gehalt, freier Verpflegung und freiem Wohnen.

Das klingt alles gut, dachte Ewa. So kann ich fast mein ganzes Gehalt sparen, woran im Moment natürlich nicht zu denken ist. Das ist bestimmt eine gute Perspektive für die Zukunft. Sie lächelte sie in sich hinein.

Nun stand sie, wie telefonisch verabredet, pünktlich an der Tür der Familie Bauer und klingelte.

Karl, der schon ganz nervös auf und ab gelaufen war, schaute noch einmal in den Spiegel und strich sich seine spärlichen grauen Haare zurück.

Er war schon etwas aufgeregt. Die Wohnung hatte er, aus seiner Sicht, ordentlich saubergemacht. Auch Else hatte er geduscht und frisch angezogen. Schließlich wollte er einen guten Eindruck machen.

Vor ihm stand eine kleine, nett aussehende, rotblonde Frau mit leichten Rundungen an den richtigen Stellen, wie Karl fand. Sie war gänzlich ungeschminkt, hatte einen offenen Blick und lächelte ihn mit ihren blauen Augen an. Es war Sympathie auf den ersten Blick von beiden Seiten. Auch Else lächelte der Dame freundlich entgegen, was schon etwas zu bedeuten hatte, denn meistens machte sie ein mürrisches Gesicht, wenn der ambulante Pflegedienst kam.

Ewa begrüßte besonders Else sehr herzlich, indem sie lange ihre Hand hielt, als sie sich zu ihr hinunterbeugte und sich vorstellte.
»Ich heiße Ewa Nowak und komme aus Masuren in Polen. Ich bin siebenunddreißig Jahre alt und seit einem Jahr in Deutschland. Bisher habe ich nur privat geputzt und möchte mich gern verändern. In Polen war ich in einem Hotel beschäftigt.«
Dabei schaute sie sich unauffällig in der geräumigen Wohnung um und lächelte Karl freundlich zu. Die Einrichtung entsprach dem Alter der Eheleute. Alles Stilmöbel in dunklem Nussbaum, überall Spitzengardinen an den großen Fenstern und Deckchen hier und da auf kleinen Tischchen und Schränkchen verteilt. Eben ganz im Stil der Achtzigerjahre. Man sah deutlich, dass die Hausfrau schon seit Längerem ausgefallen war, denn alles gehörte mal einer gründlichen Reinigung unterzogen. Aber dafür war Ewa ja nun da, wie sie befriedigt feststellte. Hier konnte sie sich bestimmt schnell Lorbeeren verdienen, denn die Wohnung war überschaubar und praktisch aufgeteilt.
Karl, dem Ewa ausgesprochen gefiel, war plötzlich ganz aufgeräumt. Endlich konnte er sich mal wieder unterhalten und musste nicht wie üblicherweise mit Else herumrätseln, was sie ihm sagen wollte.
Ihr Lächeln gefiel ihm und ihre blauen Augen schauten ihn offenherzig an. Ihre biedere Erscheinung störte ihn wenig. Er wünschte sich eine anpackende und ordentliche Frau, die ihm die ganze Frauenarbeit abnahm. Und ihre Kurven, die sich deutlich unter

dem engen Pullover abzeichneten, gefielen ihm auch nicht schlecht. Immerhin war er ein Mann, wenn auch dieses Thema für ihn nur noch in der Erinnerung abrufbar war. Sie war nicht gerade modisch angezogen, eher billig, wie Else sagen würde, könnte sie noch sprechen. Aber nett war sie und Karl fühlte sich auch in seiner Männlichkeit angesprochen.

»So, so, aus dem schönen Masuren«, sagte er charmant lächelnd »Da war ich schon mal mit meiner Kegelrunde vor vielen Jahren. Schön ist es dort!«

»Ja, es ist sehr schön dort. Eine herrliche Natur mit zahlreichen Seen, deshalb kommen auch viele Touristen aus Deutschland. Aber es ist eine arme Gegend mit wenig Arbeit. Deshalb bin ich auch gleich, nachdem es mir möglich war, weggegangen. Das fiel gleichzeitig mit meiner Scheidung zusammen. Und seitdem lebe mit meiner Freundin Milena zusammen in einer kleinen Zwei-Zimmer-Wohnung, die aber wirklich zu klein für uns beide ist. Nur fünfundvierzig Quadratmeter. Da geht man sich schon auch mal auf die Nerven!«, betonte sie.

»Ihr Deutsch ist aber gut, das ist ja prima! Ich dachte schon, wir könnten uns nicht mit Ihnen unterhalten. Nehmen Sie doch Platz, ich koche uns schon mal einen Kaffee.«

Karl ging in die Küche und stellte die Kaffeemaschine an. Den Tisch hatte er vorsorglich gedeckt. Mit der vollen Kaffeekanne kam er wieder zurück und schenkte das heiße Getränk vorsichtig ein.

Ewa erzählte, dass sie bereits einen Deutschkurs be-

sucht habe. Sogar mit einem Zertifikat. Der Kontakt mit ihren verschiedenen Arbeitgebern, mit denen sie ja Deutsch sprechen musste, habe auch dazu beigetragen, dass sie sich Schritt für Schritt sprachlich verbessern konnte.
Sie setzen sich an den Tisch und Karl erzählte in allen Einzelheiten, wie das mit Elses Schlaganfall passiert war und wie schwer ihm die tägliche Pflege fallen würde. Zumal er gerade frisch operiert sei und den linken Arm noch nicht belasten sollte.
»Wie haben Sie sich denn alles so gedacht?«, fragte Ewa.
»Nun, wir haben noch mein Arbeitszimmer, das sogar auf den Balkon hinausführt. Das könnten wir für Sie einrichten. Jetzt steht eine Schlafcouch drin, aber wir könnten auch ein Bett für Sie kaufen, ganz wie Sie wollen. Am besten Sie schauen sich alles erst einmal genau an.«
Karl erhob sich schwerfällig. Sein Knie tat ihm wieder weh, sodass er sich am Tisch abstützen musste. Ewa folgt ihm ins Arbeitszimmer, in dem noch sein alter Computer auf einem kleinen Schreibtisch stand. Daneben ein Regal mit vielen Aktenordnern, die alle ordentlich aufgereiht waren: ein großes, helles Zimmer.
Sogar ein Fernsehgerät stand auf einem Tischchen, den Karl immer dann benutzte, wenn es Fußball gab, da Else sich dafür überhaupt nicht interessierte.
Ewa setzte sich auf die bequeme Schlafcouch und betrachtete das Zimmer eingehend.

»Schön hell und groß«, meinte sie, »da könnte ich meine Sachen gut unterbringen. Ich dürfte doch auch das Zimmer nach meinem Geschmack einrichten?«

»Natürlich! Sie können auch andere Möbel hineinstellen, ganz wie es Ihnen gefällt!«

Karl war ganz aufgeräumt. Er wollte unbedingt, dass Ewa bei ihm als Pflegekraft anfing. In Gedanken stellte er sich seine Zukunft mit Else bereits viel leichter vor.

Ewa nickte zufrieden.

»Und, wie sind die weiteren Bedingungen«, fragte sie abwartend.

»Also ich habe mich schon umgehört. Meine Rente ist nicht groß, müssen Sie wissen. Aber mit der Zuzahlung des Pflegegeldes könnte ich Ihnen, bei freier Verpflegung und freiem Wohnen, neunhundert Euro anbieten. Mehr geht leider nicht. Wären Sie damit einverstanden?« Angespannt schaute er Ewa in die Augen, um ihre Reaktion abzuwarten.

Ewa, die bisher ja viel weniger verdient hatte, hatte sich bereits vorher schon einige Gedanken gemacht. Sie überschlug kurz dieses Angebot. Wenn Sie an Milena keine Miete mehr zahlen musste und auch fürs Essen kein Geld benötigte, könnte sie fast den gesamten Betrag sparen. Abzüglich der Krankenkasse natürlich. Aber insgeheim hatte sie mehr erwartet und wollte deshalb noch ein bisschen pokern. Schließlich wollte sie sich nicht unter Wert verkaufen. Deshalb schaute sie Karl bewusst mit einem skeptischen Blick an.

»Wissen Sie Herr Bauer, ich arbeite als Selbstständige und muss auch noch Abgaben zahlen. Da ist das schon wenig. Aber ich würde den Job bei Ihnen gern annehmen und ich denke, ich fange erst einmal an. Wir schauen dann, wie wir alle miteinander auskommen, denn die Chemie muss stimmen. Und da ich selbstständig bin, brauche ich sowieso noch einen anderen Kunden, damit ich nicht als scheinselbstständig gelte. Da sind die Behörden hier in Deutschland ganz genau. Ich könnte eventuell immer mal ein paar Rechnungen von einem anderen Kunden dazu nehmen.«
Jetzt wurde Karl doch unsicher.
»Was meinen Sie denn mit einem anderen Kunden?«
»Nun, möglicherweise kann ich hier im Haus noch bei jemandem putzen, oder so.«
»Ach so! Hm … vielleicht bei Herrn Münster, der hat ganz oben die Penthousewohnung. Der sucht eine Putzfrau, soviel ich weiß.«
»Na, das wäre ja schon etwas. Und auch noch im selben Haus. Prima!«
Ewa klatschte in die Hände und lächelte Herrn Bauer liebenswürdig an.
»Na, was meinen Sie? Wollen wir es miteinander probieren?«
Else, die auch aufmerksam zugehört hatte, nickte Herrn Bauer zu und lächelte Ewa freundlich an.
Karl stimmte zu und freute sich, dass auch Else damit einverstanden war. Er schaute Ewa herausfordernd an.

»Okay, so machen wir das!«, sagte er spontan und hielt ihr seine Hand zum Einschlagen hin.

»Ich schlage vor, dass sie am nächsten Ersten anfangen. Das ist nur noch eine Woche und ich räume schon mal das Zimmer leer.«

Einkaufen

Ewa hatte ihren freien Tag und den verbrachte sie gemeinsam mit Milena im nahen Main-Taunus-Zentrum. Hier konnte man so herrlich ohne Autoverkehr herumspazieren, Klamotten anprobieren und sich in einem der Cafés zum Klönen niederlassen. Ewa hatte zum ersten Mal so richtig Geld für sich selbst ausgegeben. Jeans, Blusen, Pullover, Schuhe. Alles reduziert, aber trotzdem schick. Sie fühlte sich wie im siebten Himmel und war völlig aufgedreht. Auch Milena hatte einige Schnäppchen gemacht und war nicht weniger gut gelaunt. Sie setzten sich in ein italienisches Eiscafé; beide bestellten den größten Eisbecher ihres Lebens. Milena erzählte ihr von Martin, in den sie sich total verliebt hatte und der doch tatsächlich mit ihr zusammenziehen wollte. Sie war sehr glücklich und strahlte das auch aus. Für ihn wollte sie sich besonders schönmachen und studierte schon eifrig einige Frauenzeitschriften, die Tipps für die Schönheit gaben. Sie zeigte Ewa in einer Zeitschrift die Seiten einer Reportage zum Thema ›Vorher‹ und ›Nachher‹ und fragte sie um Rat.

»Was meinst du?«, fragte sie aufgedreht und strich sich eine widerspenstige Haarsträhne, die sich aus ihrer Hochsteckfrisur gelöst hatte, aus dem Gesicht. »Welcher Typ bin ich denn?«

Ewa schaute sich interessiert die Damen auf den Fotos an. Es war verblüffend, wie leicht sich eine unscheinbar aussehende Frau, mit wenigen Kniffen, in eine moderne, schicke Frau verwandelte.

»Die da, würde ich sagen. Die sieht dir irgendwie ähnlich«, meine Ewa und deutete auf eine junge, zierliche Frau, die vor der Verwandlung ein vergleichbarer Typ war wie Milena.
»Wow, sieht die gut aus!«, staunte Milena. »Meinst du, ich könnte auch so toll aussehen?«
»Na klar, das siehst du doch. Du musst nur alles genauso nachmachen. Die Haare ein bisschen kürzer und ein Paar helle Strähnen in die Haare und natürlich die tollen Klamotten«, lachte Ewa.
»Und die hier, die bist du!«, lachte Milena und zeigt ihre sympathische Zahnlücke, die sie bereits ein Leben lang begleitete. »Schau nur, so könntest du aussehen.«
»Meinst du?« Ewa schaute das verwandelte Model in der Zeitschrift lange skeptisch an. »Mmh ... na ja, wenn ich mir auch die Haare dunkler färbe und ein paar Kilo abnehme, vielleicht ...«, sinnierte sie.
»Die Zeitschrift kauf ich mir auch gleich und probiere zu Hause schon mal was aus«, sagte sie gut gelaunt und schlug das Magazin zu.
»Da wird dein Martin aber staunen«, sagte sie lächelnd zu Milena und gab ihr die Zeitschrift zurück. Dann schaute sie auf die große Standuhr.
»O, schon so spät! Jetzt muss ich aber wieder zurück. Else muss frisch gemacht werden und kochen muss ich auch noch«.
»Wie klappt es denn so bei den Bauers?«, fragte Milena interessiert.

»Eigentlich gut. Das sind zwei nette alte Leute. Else ist zwar manchmal schwierig. Die stört schon mal die Fliege an der Wand. Aber beide sind ganz lieb. Ich fühle mich wohl und ich glaube, dass die beiden mich auch gern mögen. Karl hat mir auch schon das Du angeboten.«

»Was zahlen sie dir denn genau?«

»Na ja, das ist schon wenig. Ich bekomme nur neunhundert Euro für alles. Ich habe mich erkundigt. Normalerweise könnte ich zwölfhundert Euro bekommen. Ich muss noch einmal mit dem Karl sprechen. Aber ich glaube, der hat auch nicht viel Rente. Na, mal sehen ...«

Elses Sturz

»Oh mein Gott! Ich komme!«, rief Ewa aufgeregt und rannte aus der Küche ins Bad. Else hatte sich unbemerkt mit ihrem Rollstuhl langsam ins Bad gerollt und wollte ganz allein auf die Toilette. Dabei hatte sie versucht, sich an der angrenzenden Badewanne hochzuziehen. Sie war aber abgerutscht und lag nun wimmernd auf dem Boden und klopfte mit letzter Kraft gegen die Fliesen, um sich bemerkbar zu machen.

Ewa war in der Küche mit dem Kochen beschäftigt. Als sie Elses Klopfen hörte, kam sie sofort angerannt.

»Was machst du denn für Sachen, Else, *ty mały głupi*, das darfst du nicht allein machen. Ich bin doch da! Du musst nur die Klingel nehmen«, sagte sie vorwurfsvoll.

Sie hatte extra eine kleine Glocke für sie gekauft, damit sich Else immer melden konnte, wenn sie etwas wollte. Und so groß war die Wohnung nun auch wieder nicht, dass man sich nicht gut hätte verständigen können. Aber Else hatte schon hin und wieder ihren eigenen Kopf und meinte, alles allein bewältigen zu können.

»Sternzeichen Widder!«, sagte Karl oft, wenn sie mal wieder besonders stur reagierte.

Und nun war das Malheur groß. Der Klettverschluss von Elses Windelhose hatte sich gelöst und Else hatte ihren Stuhlgang offensichtlich nicht mehr einhalten können. Ein breiiger Kot hatte sich unter ihr ausgebreitet und sie lag in ihren stinkenden Exkrementen.

Ewa musste an sich halten, um sich nicht zu überge-

ben. Das war auch für sie zu viel des Guten. An das Windelwechseln hatte sie sich ja schon peu à peu gewöhnt, aber das hier war doch heftig für empfindliche Gemüter. Aber sie war von ihrem verstorbenen Vater ja auch einiges gewöhnt. Sie fand das damals schon eklig und musste sich stark überwinden, den Dreck wieder wegzumachen. Für solche Fälle hatte sie sich dann extra einen Mundschutz genäht, der ihr jetzt natürlich fehlte. Deshalb nahm sie sich vor, sich unbedingt für solche Ereignisse einen neuen zu nähen. Eine Nähmaschine war ja zum Glück vorhanden.
Es war gar nicht so einfach, den liegenden Körper zu bewegen. Mit letzter Kraft, und mit Unterstützung durch Else selbst, konnte sie sie erst einmal zum Stehen bringen. Dabei war der Badewannenrand eine wertvolle Hilfe. Hier konnte sich Else festhalten und Ewa schob und drückte von unten, bis sie einigermaßen stabil stand. Dann stellte Ewa eine große Schüssel zwischen Elses Beine. Mithilfe des Brauseschlauches aus der Badewanne duschte sie, so gut es ging, ihre Beine ab. Sie musste sehr an sich halten. Es würgte sie immer wieder und sie atmete deshalb nur ganz verhalten ein und hielt so lange wie möglich die Luft an.
Else, der das alles sehr peinlich war, fing fürchterlich zu weinen an. Sie schämte sich unendlich für das Dilemma und war gar nicht mehr zu beruhigen.
Als Ewa sie halbwegs gesäubert hatte, war sie selbst am Ende ihrer Kräfte. Sie setzte sich erst einmal auf den Toilettendeckel, um zu verschnaufen.

Dann holte sie den Rollstuhl und schob ihn von hinten unter Else, die sich langsam hineinfallen ließ.
»Else, das darfst du nicht wieder machen. Sag doch bitte Bescheid, wenn du auf die Toilette musst. Das kostet auch mich enorm viel Kraft, du Dummchen. Ich bin auch kein Herkules!«
Else zog bedauernd, immer noch schluchzend, die Schulter hoch und machte ein bekümmertes Gesicht. Es war deprimierend für sie, dass nun überhaupt nichts mehr klappen wollte. Sie war stets eine tatkräftige und selbstständige Frau gewesen, die ihrem Karl fast alles abgenommen hatte. Selbst die Hausschuhe hatte sie ihm vor die Füße gestellt. Er musste nur noch reinschlüpfen. So war das! Und jetzt? Jetzt konnte sie sich nicht einmal den Po abwischen und das war das Schlimmste für sie. Immer auf andere Hilfe angewiesen zu sein, war schrecklich. Die intimsten Dinge nicht mehr allein bewältigen zu können, allem voran die Toilettengänge, das war schon erniedrigend.
Sie konnte sich nun nicht weiter beherrschen und dicke Tränen rannen ihr erneut die Wangen hinunter, sodass Ewa gleich ein schlechtes Gewissen bekam.
»Nicht weinen, Else. Ich weiß, das ist alles schlimm für dich. Das kann ich gut verstehen. Aber ich bin doch für dich da. Ich helfe dir gern und du musst dich vor mir überhaupt nicht schämen«, sagte sie einfühlsam, wischte die Tränen weg und streichelte dabei ihre Wangen.
Sie war froh, dass Karl bei seinem Stammtisch war, er wäre doch nur im Weg gewesen und war in solchen

Situation immer leicht kopflos. Er wollte zwar immer behilflich sein, aber lief meistens nur wie ein aufgescheuchtes Huhn hin und her und war mehr hinderlich als hilfreich. Obwohl, so schlimm wie heute war es bisher noch nicht gewesen.
Sie streichelte erneut Elses Wangen und fand tröstende Worte für sie. Dann schob sie sie mit dem Rollstuhl in die barrierefreie Dusche, stellte sie wieder mit Mühe auf die Beine und setzte sie auf den bereitstehenden Duschstuhl.
Frisch geduscht, eingecremt und wieder gut riechend, lag Else kurz danach völlig erschöpft in ihrem Pflegebett und war schon bald danach eingeschlafen.

Karl stellt Otto vor

Ewa brauchte einen starken Kaffee. Sie musste das Geschehene verarbeiten. Es wurde einfach immer schlimmer mit Else. Auch ihre Herzprobleme nahmen zu. Das konnte sie besonders beim Blutdruckmessen mit eigenen Ohren hören. Der Herzschlag war unregelmäßig zu hören, sodass das Gerät oft mit einer Error-Meldung keine Messung mehr anzeigen konnte. Auch das laute Rasseln beim Atmen war beunruhigend. Sie schrieb die täglichen Messungen akribisch in ein Büchlein, das sie dem Hausarzt vorlegte, wenn der zum routinemäßigen Quick-Test kam.

Ewa hörte, dass die Wohnungstür aufgeschlossen wurde und Karl rief ihr von der Tür aus etwas zu.

»Ewa, ich bringe einen Gast mit!«, sagte er vergnügt und schob einen älteren, gut gekleideten Herrn durch die Tür.

»Das ist Herr Neuhaus aus dem vierten Stock. Er lebt allein und würde gern eine zuverlässige Putzfrau engagieren«. Karl strahlte, als er Ewa vorstellte.

»Das ist Ewa Nowak, unsere gute Seele, von der ich Ihnen schon viel erzählt habe«, meinte er gut gelaunt.

»Guten Tag Herr Neuhaus.« Ewa sah den großen, weißhaarigen und stattlichen Mann an, der sie mit seinen blauen Augen keck von oben bis unten musterte.

Aha, so einer bist du. Ein Filou, trotz hohem Alter und vieler Falten, dachte sie.

»Soll ich uns einen Kaffee kochen?«, fragte sie.

»Ja Ewa, mach uns bitte einen Kaffee. Vielleicht haben wir auch noch etwas Gebäck dazu?«

Es wurde ein lustiger Nachmittag. Der Besucher war ein unterhaltsamer Mann mit schauspielerischem Talent. Er konnte wunderbar anschaulich und gestenreich lustigste Geschichten zum Besten geben. So war endlich mal wieder fröhliches Lachen bei den Bauers zu hören.

Er erzählte, dass er schon viele Jahre allein in seiner Wohnung lebt, die er sich kurz nach seiner Scheidung vor vielen Jahren gekauft hatte. Als er noch verheiratet war, hatte er mit seiner Familie in einem großen Haus mit schönem Garten gewohnt. Nach der Trennung von seiner Frau wurde es verkauft und der Erlös unter beiden aufgeteilt. Seine Tochter war damals schon ausgezogen und lebte bereits ihr eigenes Leben, das aber schon bald durch einen Autounfall beendet wurde.

»Sie war damals gerade erst fünfundzwanzig Jahre alt«, sagte er mit einem großen Seufzer. »Und nun habe ich niemanden mehr, der sich um mich kümmert.«

»Das wusste ich ja gar nicht«, meinte Karl mitfühlend. »Wissen Sie was, wenn Ewa zu Ihnen putzen kommt, kann sie ja auch gleichzeitig für Sie kochen. Sie kocht nämlich hervorragend!« Karl strahlte sie dabei an und tätschelte ihre Hand.

Ewa war es recht. Sie vereinbarte, jeden Mittwoch für drei Stunden zu Herrn Neuhaus zu kommen; bei dieser Gelegenheit würde sie gern für ihn kochen.

Man verabschiedete sich und Ewa war glücklich, nun schon den dritten Kunden verbuchen zu können.

Denn bei Herrn Münster aus der Penthousewohnung putzte sie auch schon seit einigen Wochen. Das fühlte sich für sie gut an; ihr Konto wuchs Woche für Woche weiter an.

Otto Neuhaus

Gut gelaunt öffnete der fünfundachtzigjährige Otto Neuhaus seine Wohnungstür im vierten Stock des Hauses. Seine Zweieinhalb-Zimmer-Wohnung war vollgestopft mit Erinnerungen. Viele Bilderrahmen standen aufgereiht auf einem langen Regal. Sie zeigten zumeist eine junge, gut aussehende, in die Kamera lachende Frau, häufig umarmt von einem wesentlich jüngeren Otto Neuhaus.

Eine nette Person, diese Ewa, dachte er schmunzelnd. Er freute sich schon auf den Mittwoch, wenn seine Wohnung mal wieder einer Grundreinigung unterzogen würde. Das hatte sie dringend nötig, nachdem seine letzte Putzfrau ihn vor einigen Wochen verlassen hatte. Nicht dass es ihn besonders störte, dass überall Staub zu sehen war. Aber, das wusste er aus der Vergangenheit, wenn wieder alles blitzsauber ist, gefällt es mir doch besser!

Seinen kleinen Haushalt versorgte er seit seiner Scheidung selbst. Ordnung halten, Betten beziehen, Schuhe putzen – das hatte er alles als junger Mann gründlich beim Militär gelernt. An diese schlimme Zeit erinnerte er sich nur ungern, obwohl ihn die düsteren Gedanken immer wieder heimsuchten. Fotos und Aufzeichnungen aus dieser Periode seines Lebens hatte er in einer kleinen Kiste aufbewahrt. Von Zeit zu Zeit schaute er sie sich voller Groll an. Er musste diesem Wahnsinnskrieg seine Jugend opfern, konnte sein Abitur nicht machen und sein späteres Leben wurde dadurch einschneidend bestimmt.

Er wurde mit knapp achtzehn Jahren 1940 eingezogen und kam als Soldat in das von Deutschland besetzte Polen. Allen war bald klar, dass es gegen Russland gehen würde und am 22. Juni 1941 kam auch tatsächlich der Angriffsbefehl. Er marschierte mit seinen Kameraden bis kurz vor Moskau. Und dann kam der schreckliche russische Winter. Zu Tausenden erfroren seine Gefährten, da sie nur in ihren Sommer-Uniformen unterwegs waren.
Diese Bilder hatten sich tief bei ihm eingegraben und ließen ihn lange Zeit nicht mehr los. Zu allem Überfluss kamen die Russen von allen Seiten und jeder Einzelne kämpfte ums nackte Überleben. Kameradschaft gab es nicht mehr. Jeder dachte nur an sich selbst. Als sie dann Richtung Stalingrad marschieren mussten, wurde der Widerstand der Russen noch stärker. Der Nachschub funktionierte nicht mehr und alle hatten kaum noch etwas zu essen. Auch die Munition wurde immer weniger und als sie endlich in Stalingrad ankamen, waren sie kraftlos und abgemagert. Ja, sie durchwühlten selbst die Toten auf der Suche nach Nahrung. Fliehen war sinnlos, denn jeder, der es wagte, zu desertieren, wurde von den eigenen Leuten erschossen. Hunderte wurden so wegen Feigheit vor dem Feind an die Wand gestellt und ausgelöscht. Die Verzweiflung unter den Landsern war groß.
Das Grauen dieser Zeit, und die anschließende russische Gefangenschaft sofort nach Kriegsende hatten erst einmal sein Leben verpfuscht. Und dennoch hatte er Glück gehabt. Dass er Gitarrespielen konnte, war

ein Geschenk des Himmels. Es entwickelte sich in der Gefangenschaft eine kleine Künstlertruppe, die die Russen unterhalten sollte. Das brachte ihnen viele Vergünstigungen ein. Es wurden Musikinstrumente angeschafft und es bildete sich so ein kleines Lagerorchester. Es gab dann auf der Lagerbühne fast jeden Sonntag eine unterhaltsame Veranstaltung. Sogar Volkstanzgruppen traten auf. Ja selbst Priester konnten auf einem Lageraltar Messen und Andachten abhalten.

Und dennoch wurde er erst 1950 aus russischer Gefangenschaft entlassen. Er war nun siebenundzwanzig Jahre alt und wusste zuerst nichts mit seinem Leben anzufangen. Zehn Jahre Militär hatten ihre Spuren hinterlassen. So wurde erst einmal der Alkohol sein bester Freund. Mit seiner Hilfe wollte er die Schrecken der Vergangenheit vergessen. Als er seine Frau Melitta 1952 kennenlernte, die ein ähnlich schlimmes Schicksal wie er hinter sich hatte, konnte er sich wieder fangen.

Seine Frau war mit ihrer Familie an Bord der Gustloff und verlor beim Untergang des Schiffes 1945 ihre zwei Kinder und ihren Mann. Drei Menschenleben von mehr als neuntausend Toten! Sie war acht Jahre älter als Otto, aber eine starke Persönlichkeit mit einem eisernen Willen. Sie schaffte es, ihn vom Alkohol abzubringen und konnte ihm durch Beziehungen eine Ausbildung bei einer Versicherung verschaffen. So nach und nach wurde er wieder zu dem fröhlichen Mensch, der er einmal gewesen war.

Durch seine Kontaktfreudigkeit und sein charmantes Auftreten machte er schnell Karriere als Versicherungsagent. Er verdiente eine Menge Geld und konnte damit seiner Frau und seiner Tochter, die 1956 geboren wurde, ein angenehmes und gutes Leben ermöglichen.

Dass die Ehe keinen Bestand hatte, lag in erster Linie an den vielen kleinen Affären, die Otto immer wieder hatte. Er war aktives Mitglied in einem Tennisklub und konnte den weiblichen Reizen einiger Damen einfach nicht widerstehen. Als er dann auch noch ein kurzes Verhältnis mit der besten Freundin seiner Frau anfing, war für sie das Ende ihrer Ehe erreicht. Hinzu kam noch der tödliche Unfall der Tochter im selben Jahr, der über ihre Kraft ging. So wurde das schöne Haus der beiden verkauft, der Erlös geteilt und jeder ging seiner Wege.

Else 2009

Else ging es von Tag zu Tag schlechter. Ihr Herz pochte völlig arrhythmisch mit Vorhofflimmern. Zudem konnte sie kaum noch essen. Sie hatte keinen Hunger mehr und sah erbärmlich aus. An eine normale Ernährung war nicht mehr zu denken, sodass Ewa jede Speise fein pürierte und vorsichtig Löffel für Löffel an Else verfütterte.

Sie lag, nur noch mühsam ein- und ausatmend, mit offenem Mund im Bett. Bei Ansprache konnte sie zwar noch die Augen öffnen, aber sonst war keine Kommunikation mehr möglich. Da sie auch noch stark verschleimt war, verschluckte sie sich ständig. Das führte dazu, dass sie in solchen Momenten blaurot anlief und fast keine Luft mehr bekam. Das waren für Ewa und Karl panische Momente. Sie stellten in diesen Augenblicken sofort bei ihrem Bett die Rückenlehne hoch, damit Else besser abhusten konnte und klopften ihr fest auf den Rücken.

Karl nahm das alles ungeheuer mit. Er litt Höllenqualen, weil er nur hilflos zusehen konnte, wie Else immer mehr verfiel.

Ewa tat, was sie konnte, um ihn aufzumuntern. Sie ging mit ihm gern an die frische Luft, nahm ihn auch zum Einkaufen mit und war vor Kurzem sogar mit ihm im Kino. Das war für beide ein schönes Erlebnis, denn auch Ewa war seit Jahren nicht mehr im Kino gewesen. Sie nutzten die wenigen Momente, in denen sie sicher waren, dass Else fest schlafen würde. Besonders gern wanderte sie mit Karl durch den Quellenpark von Bad Soden, im Herzen der Altstadt. Insbesondere bewunderte sie dort das originelle *Hundertwasserhaus* in unmittelbarer Nähe des Parks. So etwas hatte sie bisher noch nie gesehen. Immer wieder mussten sie hier anhalten, damit sie sich dieses außergewöhnliche, farbenfrohe Wohngebäude näher anschauen konnte.

»Es wurde im Jahr 2000 von dem Wiener Künstler Friedensreich Hundertwasser entworfen und enthält siebzehn völlig unterschiedliche Wohnungen und einen dreißig Meter hohen Turm. Die Wohnungen waren damals unglaublich teuer. Hundertwasser ist weltweit durch seine farbenfrohe Malerei bekannt«, erklärte Karl der staunenden Ewa.

»Ich habe zuhause noch ein Buch über ihn. Das kannst du dir gern einmal anschauen!«

Eines Nachmittags, sie hatten gerade Kaffee getrunken, hatte Ewa den Mut und fragte Karl, ob es möglich wäre, dass er ihr hundert Euro mehr bezahlen könne.

»Ich spare schon länger für ein neues Auto«, ließ sie ihn wissen.

Mit Karls altem Mercedes wollte sie nicht so gern fahren. Sie spürte genau, dass er besorgt war, sie könnte einen Kratzer in sein geliebtes Auto machen. Das sprach er zwar nicht aus, aber der Mercedes war sein absolutes Heiligtum, sodass sie nur ungern mit dem Fahrzeug unterwegs war. Sie wollte wieder ein eigenes Auto besitzen, nachdem ihre Schrottkiste den Geist aufgegeben hatte. Das stand auf ihrer Wunsch-

liste ganz oben. Und jetzt, wo sie durch das zusätzliche Putzen doch einiges mehr zurücklegen konnte, rückte dieses Ziel für sie in greifbare Nähe.
Karl, der sich in letzter Zeit oft darüber Gedanken gemacht hatte, wie es in seinem Leben weitergehen würde, hatte bereits eine Idee geboren. Die wollte er nun Ewa erzählen.
Er fasste seinen ganzen Mut zusammen und machte Ewa endlich einen Vorschlag, der ihn schon lange beschäftigte.
»Ewa, du weißt ja, dass ich keine Erben habe. Und meine Rente ist auch nicht gerade üppig. Die Umlagen für die Wohnung werden immer höher und die anderen Kosten für das tägliche Leben werden auch nicht weniger. Und man will sich ja das eine oder andere gönnen, ohne an das Gesparte zu gehen. Ich habe mir deshalb mal was ausgetüftelt!«
Nun machte er eine Pause und nahm erst einmal einen großen Schluck Kaffee, während Ewa ihn erwartungsvoll ansah.
»Also, was würdest du sagen, wenn ich dein Gehalt nicht erhöhe? Du aber dafür mal unsere Wohnung und was noch von unserem Geld übrig bleibt, erben würdest?«
Nun schaute er in Ewas erstauntes Gesicht.
»Das heißt im Klartext, wenn Else und ich mal beide tot sind, erbst du alles. Dafür musst du natürlich für uns beide bis zu unserem Tod sorgen. Nun, was meinst du dazu?«

Ewa war sehr überrascht. Sie schaute Karl mit ihren großen blauen Augen fassungslos an und fasste sich unbewusst ans Herz.
»Das würdest du für mich tun Karl? Das wäre ja wundervoll. Ich bin total begeistert! Natürlich bin ich damit einverstanden. Weißt du, was das für mich bedeuten würde! Ich, Ewa Nowak aus Masuren, wäre später einmal Besitzerin einer schönen Wohnung in Deutschland. Das wäre einfach toll!«, sagte sie mit Freudentränen in den Augen.
Sie stand auf, umarmte Karl heftig und drückte ihm einen dicken Kuss auf die Wange.
Karl freute sich, dass Ewa so begeistert seinen Vorschlag annahm. Ihm fiel ein Stein vom Herzen. So war er bis zu seinem Tod in sicheren Händen und musste nicht befürchten, eines Tages in einem Alten- oder Pflegeheim zu landen. Womöglich auch noch in einem Mehrbettzimmer. Ein komfortableres Heim konnte er eh nicht bezahlen. Und auch noch Geld vom Sozialamt beantragen. Diese Schande hätte er nicht überlebt. Nun konnte er sicher sein, hier in seiner Wohnung bis zu seinem Tod weiter leben zu können. Das war für ihn ein gutes und beruhigendes Gefühl.
Dass es mit Else bald zu Ende ging, wurde ihm von Tag zu Tag mehr bewusst. So ist das mit dem Alter, sinnierte er, man muss den Tatsachen ins Auge sehen. Jeder Tag zählte von nun an doppelt und er wollte seine letzten Tage, so gut es ging, genießen. Dafür war Ewa genau die richtige Person. Sie gab ihm wieder etwas Lebensfreude zurück und kümmerte sich

vorbildlich um ihn und Else. Da fand er es nur mehr als richtig, ihr diesen Vorschlag zu unterbreiten. Und was nach seinem Tod mit seinem Vermögen passieren würde, konnte ihm gänzlich egal sein.

»Wir werden das natürlich notariell fixieren. Es ist nämlich so, dass es in Hamburg noch den Sohn meines verstorbenen Bruders gibt, der sich noch nie um uns gekümmert hat. Ich weiß überhaupt nicht, wie der aussieht. Der soll auf jeden Fall nichts erben.«

Ewa war nun ganz aufgeräumt. Sie strahlte und fühlte sich wie im siebten Himmel. Das würde mit einem Schlag ihre armselige Situation verändern.

»Weißt du was, Karl«, sagte sie nun voller Tatendrang. »Ich mache mir auch schon länger darüber Gedanken, wie ich euch alten Männer hier im Haus mehr Freude bereiten kann. Was hältst du denn davon, wenn ich hier so etwas wie einen kleinen Männerklub gründe. Ich koche für uns alle, wir essen gemeinsam, machen Ausflüge und so weiter. Jeder gibt Geld in die Kasse. Das würde die Kosten für jeden senken. Jeder bleibt trotzdem allein in seiner Wohnung und ist nach wie vor unabhängig. Was meinst du dazu? Wäre das nicht schöner für alle?«

Karl wiegte seinen Kopf hin und her.

»Da muss ich erst mal in aller Ruhe drüber nachdenken«, meinte er und dachte an seine Treffen im Wirtshaus, die immer weniger wurden. Zwei seiner Freunde waren bereits verstorben, einer war sehr krank und einer hatte auch eine kranke Frau zu Hause. Deshalb fanden die Treffen fast gar nicht mehr statt.

Und diese Idee von Ewa war vielleicht gar nicht so schlecht. Mal fragen, ob die Herren Skat spielen können. Das wäre schon was! Das könnte ihm gefallen. Und kochen für alle, ja das leuchtete ihm ein. Das spart Kosten!

»Du kannst die Männer ja mal fragen, was sie dazu meinen. Ich denke, der Herr Münster wird da vielleicht nicht so interessiert sein, der ist schon sehr introvertiert.«

»Was heißt das denn, introvertiert«, fragte Ewa.

Karl lächelte.

»Introvertiert heißt so viel wie verschlossen, zurückhaltend, mehr in sich gekehrt. Verstehst du?«

»Ah, introwertyk heißt das auf Polnisch!«

»Prawo!«, antwortete Karl auf Polnisch und lachte.

»Du bist toll Karl«, rief Ewa aus. Sie drückte ihn erneut an ihren üppigen Busen, was Karl nicht als unangenehm empfand und er nutzte die Gelegenheit sie seinerseits länger festzuhalten.

Diese Neuigkeiten hatte sie völlig aufgewühlt. Deshalb ging sie erst einmal in ihr Zimmer. Sie musste jetzt einen klaren Kopf behalten und alles akribisch durchdenken.

Nun habe ich zum ersten Mal im Leben Glück. Das werde ich festhalten und es mir nicht mehr nehmen lassen. Und wer weiß! Die beiden anderen Männer haben auch keine Angehörigen mehr. Denen könnte ich doch einen ähnlichen Deal vorschlagen.

Ihr wurde ganz warm ums Herz und dennoch schlich sich ganz langsam die Habgier in ihr Gemüt.

Peter Münster

Peter war ein wortkarger, leicht mürrisch wirkender Zeitgenosse, ein gepflegter, älterer Herr, wenn auch etwas schrullig. Er bewohnte die rechte Penthousewohnung und Ewa besuchte auch ihn einmal die Woche für vier Stunden. Es war für sie ein einträglicher Job, denn Herr Münster gab ihr zu dem vereinbarten Stundenlohn immer noch ein zusätzliches Trinkgeld. Seine äußere Erscheinung war ihm äußerst wichtig. Er trug einen Rund-um-den-Mund-Bart, der allerdings nur spärlich wuchs. Dafür hatte er eine Halbglatze, die er jedoch mit langgewachsenem seitlichem Haar überdeckte, wie der ehemalige Quizmoderator Heinz Maegerlein, quer über die Glatze gelegt. Das wiederum sah äußerst gewöhnungsbedürftig aus.

Bisher wurde er von einer privaten Seniorenberatung einmal wöchentlich betreut. Diese Vereinbarung hatte er dann durch Ewas Einsatz wieder storniert, denn mehrere Personen wollte er auf keinen Fall um sich haben. Er fand sie nicht zu aufdringlich und war ihr, aufgrund seiner körperlichen Einschränkungen dankbar, dass sie seine Wohnung sauber hielt. Seine anfänglichen pingeligen Staubkontrollen fielen zufriedenstellend für ihn aus, sodass er zukünftig darauf verzichtete.

Er litt seit Jahren an Diabetes und Multipler Sklerose, war aber medikamentös gut eingestellt. Seit er das erst kürzlich zugelassene Diabetesmittel mit dem Wirkstoff Pioglitazon einnahm, hatte sich sein Zu-

stand sogar gebessert. Es senkte bei beiden Erkrankungen die Entzündungsaktivität.
Aber dennoch verschlechterte sich in letzter Zeit sein Zustand in einen chronisch-voranschreitenden Verlauf. Bis vor Kurzem konnte er seinen Haushalt noch selbst versorgen und hatte nur sporadisch einen schubweisen MS-Verlauf.
Aber die Krankheit schritt voran, sodass er sich fast nur noch im Rollstuhl fortbewegen konnte. Seinen Diabetes Typ 2 hatte er gut im Griff, seine Insulin-Vorräte im Kühlschrank, seine Spritzen und seinen Insulin-Pen griffbereit im Bad.
»Zum Glück hat meine Mutter diese schlechte Phase meiner Erkrankung nicht mehr erlebt«, erzählte er Ewa mit Tränen in den Augen.
»Meine Mutti ist bereits vor zehn Jahren verstorben. Sie wurde stolze siebenundneunzig und wir standen uns sehr nahe, müssen Sie wissen«.
»Haben Sie mit ihr zusammengewohnt?« Ewa fragte das, weil sie beim Aufräumen noch einige Damenkleidungsstücke fand.
»Ja, ich habe ein Leben lang mit meiner geliebten Mutter zusammengewohnt. Wir waren fast nie getrennt. Auch in den Urlaub sind wir gemeinsam gefahren.«
Jetzt war Ewa einiges klar. Das klang doch sehr nach Muttersöhnchen. Sie hatte sich schon gewundert, dass nur Fotos von einer älteren Frau in verschiedenen Altersstufen in der Wohnung zu sehen waren. Da hatte eine andere Frau wohl keine Chance gehabt. Schade,

dachte sie, eigentlich ist Herr Münster ein ganz passabler Mann, der penibel auf sein Äußeres achtet. Selbst im Rollstuhl trug er stets eine Fliege, was etwas ungewöhnlich aussah. Und dann noch diese Frisur! Er war schon etwas sonderbar, fand Ewa. Meistens hinterfragte Peter Münster die Dinge, die für andere selbstverständlich waren. Schon in der Schule war er der Außenseiter, der von seiner gluckenhaften Mutter nie aus den Augen gelassen wurde. Sie war Ende zwanzig, als sie gleich zu Beginn des Krieges mit ihm schwanger wurde. Ein Kind zu haben, war schon lange ihr sehnlichster Wunsch. Dass der Vater des Kindes nicht der eigene Ehemann war, lag daran, dass ihr Angetrauter bereits beim ersten Kriegseinsatz gefallen war. So trug die kurze Affäre, die sie mit einem anderen hatte, ihre Frucht. Das wusste außer ihr aber niemand. Den Leuten erzählte sie, dass der Gefallene der Vater des Kindes sei. Das wurde auch in der Geburtsurkunde so eingetragen. Die Wahrheit offenbarte sie ihrem Sohn aber erst, als er selbst schon über fünfzig Jahre alt war. Zu diesem Zeitpunkt war ihm das relativ egal, da er weder den einen noch den anderen je kennengelernt hatte.
Er selbst war von der besitzergreifenden Mutter so vereinnahmt worden, dass er zu keiner Beziehung zum anderen Geschlecht fähig war. Es war ihm schon von Kindheit an bewusst, dass er anders gestrickt war als seine Mitschüler. Die interessierten sich in der Pubertät alle nach und nach für das weibliche Geschlecht und kleine Zettelchen flogen in der Klasse

hin und her. Für seine Mitschüler war ungeheuer wichtig, wer, mit wem gerade zusammen war. Wie das eben im Teenageralter so ist. Sie verstanden einfach nicht, warum er in dieser Hinsicht anders war als all die anderen und zogen ihn damit auf.
Die Vorstellung, sich eine Freundin zu suchen und einem anderen Menschen seine Zunge in den Mund zu stecken, fand er einfach ekelig.
Auch die schlüpfrigen Witze, die sie sich damals erzählten, stießen ihn ab. Seine sexuellen Bedürfnisse waren gleich null. Er war eine asexuelle Person und nahm diese Tatsache ohne Probleme hin.
Einzig seine Mutter war für ihn die wichtigste Person in seinem Leben und das bis zu ihrem Ende. Sie hatte für sich und ihren Sohn drei erfolgreiche Schuhläden aufgebaut, die er nach ihrer Pensionierung als Geschäftsführer allein leitete.
Nur ein einziges Mal hatte er sich aus einer Laune heraus nach einer Weihnachtsfeier von einer Mitarbeiterin in alkoholisiertem Zustand mit nach Hause nehmen lassen.
Sie hatte die Absicht, ihn zu verführen, was ihr sogar tatsächlich gelang. Aber bereits am nächsten Morgen, nun wieder völlig nüchtern, verließ er in aller Herrgottsfrühe fluchtartig die Wohnung. Die körperliche Nähe widerte ihn plötzlich derart an, dass er sich jede weitere Annäherung ihrerseits verbat.
Das Ganze endete mit ihrer Entlassung, da er nicht täglich an dieses Ereignis erinnert werden wollte. Er verspürte kein sexuelles Verlagen, weder nach einem

Mann noch einer Frau. Er war sich selbst genug und fand allein in Büchern und in der Oper seine Erfüllung.

Einladung zum Essen

Die Aufzugstür öffnete sich, als Ewa am Briefkasten war. Heraus kam Herr Neuhaus in Begleitung von Herrn Münster, den er im Rollstuhl vor sich her schob.

»Ach, hallo Ewa!« Es war völlig normal, dass sie Ewa beim Vornamen nannten, denn das hatte sie ihnen gleich zu Beginn ihrer Beschäftigung angeboten.

»Ach, das ist gut, dass ich Sie beide hier antreffe«, sagte sie erfreut.

»Ich möchte Sie für morgen alle zum Essen einladen.«

Herr Neuhaus, der Ewas Kochkünste bereits einmal genossen hatte, strahlte.

»Das ist aber nett! Das nehmen wir aber gern an, gell Herr Münster«, sagte er. Dabei beugte er sich zu Herrn Münster hinunter, der verkrampft lächelte. Mal richtig Freude zu zeigen, fiel ihm offensichtlich schwer.

»Was gibt es denn?«, fragte er verhalten.

»Ich habe Kartoffelknödel vorbereitet, dazu einen kräftigen Schweinebraten und Rotkohl. Einen Nachtisch habe ich auch schon in Arbeit, aber der wird nicht verraten. Es soll eine Überraschung sein.«

Ewa strahlte beide an und wartet gar nicht erst ab, ob sie überhaupt zusagten. Das setzte sie einfach voraus und ging bereits winkend zur Aufzugstür.

»Bis morgen um zwölf«, sagte sie schnell und fuhr nach oben.

Die hab ich am Haken, dachte sie und lächelte in sich hinein.
»Die hat uns jetzt ganz schön überfahren«, meinte Herr Neuhaus lachend.
»So ein Angebot sollten wir uns aber nicht entgehen lassen, sie kocht hervorragend, müssen Sie wissen. Und Ihnen tut es auch gut, wenn Sie mal mehr unter Menschen kommen, Herr Münster», meinte er.
»Na ja, wenn Sie meinen. Nett ist sie ja. Sie putzt bei mir einmal die Woche und ich bin zufrieden. Sie ist nicht so aufdringlich wie meine frühere Putze. Vielleicht könnte sie mir auch die Einkäufe abnehmen, das wäre eine große Erleichterung für mich«.
Herr Münster betätigte selbst seine Rollstuhlräder und rollte Richtung Hauseingang. Sofort lief Herr Neuhaus hinterher und half ihm den kleinen Absatz hinunter nach draußen.
Es war ein wunderbarer Frühlingstag und im Vorgarten dufteten bereits die ersten Hyazinthen und Tulpen in allen Farben um die Wette. Otto Neuhaus atmete tief ein. »Riechen Sie das? So riecht der Frühling!«, rief er fröhlich Herrn Münster zu.
»Wo soll's denn hingehen?«, fragte er weiter.
»Ich muss in die Apotheke und noch bei Tegut einkaufen. Mir fehlt so allerlei!«
»Da kann ich Ihnen doch behilflich sein. Ich gehe auch in diese Richtung.«
Er griff beherzt nach dem Rollstuhl und schob Herrn Münster, ohne seine Zustimmung abzuwarten, vorwärts in Richtung City.

Keiner der beiden bemerkte, wie sich leise die Wohnungstür der Hausmeisterin Frau Schneider schloss, die wieder einmal gelauscht hatte.

Die Verwandlung

Ewa hatte schon einiges für das Mittagessen mit den Männern vorbereitet. Die Knödel lagen bereits geformt in einer Schüssel, der Rotkohl und der Schweinebraten waren auch schon fertig und mussten nur noch erwärmt werden. Sie hatte also noch Zeit und konnte sich nun endlich einmal mit sich selbst beschäftigen. Karl hatte sie mit einem Einkaufszettel zum Einkaufen geschickt. Er sollte noch Wein besorgen und Else lag frisch gemacht im Bett und schlief ganz fest.

Sie ging in ihr Zimmer und holte aus ihrem Schrank die Illustrierte hervor, die sie sich damals zusammen mit Milena gekauft hatte. Sie breitete die Seite mit der Vorher-Nachher-Reportage auf ihrem Schreibtisch aus und stellte sich ihren Vergrößerungsspiegel dazu. Nach eingehendem erneutem Studium der Reportage stellte sie alle Kosmetik-Käufe nebeneinander auf. Sie begann, ihre Augen genau nach der Anleitung zu schminken.

Allein das Einkaufen der Kosmetika hatte ihr Herz schneller schlagen lassen. Wie hatte sich doch ihr Leben innerhalb weniger Tage verändert. Seit sie wusste, dass sie eines Tages die Wohnung und das Barvermögen von Else und Karl erben sollte, erschien ihr alles mit einem Mal hell und strahlend. Bald schon war sie nicht mehr die graue Maus aus Polen, die aus ärmlichen Verhältnissen nach Deutschland kam. Nein, sie war dann eine wohlhabende Frau mit einer eigenen Wohnung und mit einer positiven Perspektive für die Zukunft. Obwohl sie wusste, dass es noch lange dauern konnte, bis sie mal erben würde, musste sie von nun an nicht mehr sparen. Ab sofort gönnte sie sich etwas. Nun war sie endlich an der Reihe! So hatte sie sich beim letzten Einkaufsbummel tolle modische Kleidungsstücke gekauft, die sie sich bis vor Kurzem niemals zugelegt hätte, weil sie einfach zu teuer waren. Aber jetzt sah sie die Welt wie durch eine rosarote Brille. Sie musste sich letzte Woche schon sehr beherrschen, um nicht in einen Kaufrausch zu verfallen. Es war für sie ein unbeschreibliches Gefühl, ohne schlechtes Gewissen einfach drauf loszukaufen. Milena hatte sie noch nichts erzählt. Sie wollte sie beim nächsten Treffen mit den Neuigkeiten überraschen.

Es war schon erstaunlich, wie sie das Make-up veränderte. Aus der farblosen Ewa wurde so mehr und mehr eine attraktive Frau. Ihre großen, blauen Augen mit den fast farblosen Wimpern bekamen durch das Augen-Make-up viel mehr Ausdruckskraft. Und die leicht dunkel nachgezogen Brauen ließen ihr Gesicht regelrecht aufleuchten. Sie schaute sich begeistert im Spiegel an und konnte es selbst kaum fassen. Jetzt war nur noch die Frisur nicht so wie in der Zeitung. Ihre kurzen, rotblonden Haare mit dem Nullachtfünfzehn-Schnitt musste sie sich nur noch ein wenig dunkler färben lassen. Aber vorerst gelte sie sich ihre Haare etwas ein und kämmte sie nach hinten, was sportlich und modern aussah und sie noch mehr veränderte.

Ewa biss sich auf die Unterlippe. Nun wurde sie doch unsicher. Was würde wohl Karl zu ihrem Auftritt sagen. Bevor sie sich jedoch wieder abschminken konnte, hörte sie schon, dass die Wohnungstür aufgeschlossen wurde und Karl hereinkam. Nun war es zu spät, um sich wieder in die alte farblose Ewa zu verwandeln. Mutig trat sie ihm entgegen.
Karl, der mit zwei Taschen bepackt hereinkam, schaute sie zuerst gar nicht an. Er war mit dem Auspacken seines Einkaufs beschäftigt. Ewa sagte vorerst auch nichts und wartete ab, bis er plötzlich zu ihr aufschaute.
Seine Reaktion war filmreif. Mit offenem Mund stand er ihr gegenüber und staunt sie an.
»Was ist denn mit dir passiert?«, fragte er überrascht. »Du siehst ja wie eine Diva aus.«
Ewa errötete und strich sich mit einer verlegenen Geste die Haare zurück.
»Was meinst du Karl, kann ich so rumlaufen oder ist das zu viel an Schminke?«, fragte sie.
»Nein, nein, du siehst toll aus! Lass das nur so! Da werden die Männer nachher aber Augen machen.«
Dabei schüttelte er fassungslos seinen Kopf hin und her. »Einfach toll!«, brummelte er vor sich hin.
Ewa strahlte. So ein Kompliment hatte sie nicht erwartet. Sie freute sich über seine spontane Reaktion.
»Na, dann werde ich mal das Dessert machen«, sagte sie verlegen und verschwand in die Küche.
»Was gibt's denn als Nachtisch?«, rief ihr Karl hinterher.

»Lass dich überraschen«, antwortete sie beschwingt aus der Küche und schloss die Tür.
Den Tisch hatte sie bereits vorher schon gedeckt und hübsch arrangiert. Jede Serviette lag kunstvoll gefaltet neben den Tellern und auch ein kleines Blumengesteck hatte sie in der Tischmitte aufgestellt. Das hatte sie in ihrem vorherigen Leben im Hotel gelernt und konnte nun damit glänzen.
Karl setzte sich in seinen Lieblingssessel und man merkte ihm an, dass er sogar ein bisschen nervös wurde. Es war schon lange her, dass er und Else Gäste hatten und seit Elses Schlaganfall kam sowieso niemand mehr zu Besuch. Außer dem Pflegedienst und dem Arzt, aber das zählte ja nicht.
Es roch verführerisch aus der Küche nach Braten und Rotkohl und Karl bekam immer mehr Appetit. Er war froh, als es endlich an der Tür klingelte und beeilte sich zu öffnen.
Herr Neuhaus und Herr Münster standen lächelnd vor der Tür; Herr Neuhaus hielt sogar einen kleinen Blumenstrauß in der Hand.
Der immer gut gelaunte Herr Neuhaus strahlt ihn mit seinen neuen Zähnen herzlich an. Er hatte sich erst vor kurzem ein neues Gebiss anfertigen lassen, was ihn doch vorteilhaft veränderte. Vielleicht ein bisschen zu weiß, aber besser als seine alten, leicht vergilbten Zähne.
»Da sind wir zwei Hübschen! Mhm ... hier riecht es aber super lecker! Die Blumen sind für Ewa«, sagte er kess und hielt sie in die Höhe. Dabei schob er

Herrn Münster, der bisher nur verlegen gelächelt hatte, im Rollstuhl vor sich her Richtung Esszimmer.
»O, was haben Sie aber schön gedeckt!«, bemerkte er, als er die Tischdekoration sah.
»Nun, wo ist denn unsere Köchin?«
Ewa, die von der Küche aus alles mit angehört hatte, korrigierte ihre Haare noch, bevor sie ins Esszimmer trat.
»Hallo, hoppla! Wen haben wir denn da!«, rief Herr Neuhaus erfreut aus, der mit seinen fünfundachtzig Jahren noch immer gern schönen Frauen nachschaute.
»Das gibt's doch nicht, Ewa. Was haben Sie sich zu Ihrem Vorteil verändert! Nicht dass Sie vorher nicht auch schon hübsch waren, aber jetzt! Super sehen Sie aus!«
Auch Herr Münster schaute sie anerkennend an und lächelte sogar, was schon Einiges bei seiner zurückhaltenden Art heißen sollte.
Ewa konnte nicht verhindern, dass sie einen roten Kopf bekam. Sie konnte ihre Verlegenheit nur schwer verbergen.
»Gefällt es Ihnen? Das freut mich. Ich habe nur mal etwas ausprobiert«, meinte sie verschämt.
Herr Neuhaus überreicht ihr seinen kleinen Blumenstrauß mit einer kleinen Verbeugung.
»Vielen Dank für die Einladung. Die Blumen sind für Sie von mir und Herrn Münster«, sagte er und lächelte Ewa wohlgesonnen an.
Karl beobachtete alles schmunzelnd und bat seine Nachbarn an den Tisch.

»Bitte setzen Sie sich doch«, sagte er zu Herrn Neuhaus und schob Herrn Münster mit seinem Rollstuhl selbst an die extra für ihn frei gehaltene Tischseite. »Ewa wird gleich mit dem Essen kommen. Was darf ich Ihnen denn zu trinken anbieten?«
Alle wählten Rotwein zum Essen, wobei jeder beteuerte, dass man zu dieser Zeit normalerweise noch keinen Alkohol zu sich nehmen würde. Aber heute sollte mal eine Ausnahme sein. Wann war man schon mal zum Mittagessen eingeladen.
»Wie geht es denn Ihrer Frau?«
Herr Münster, der bisher noch nichts gesagt hatte, fragte das interessiert. Was es bedeutete, einen kranken Menschen zu pflegen, hatte er bereits vor Jahren durch seine Mutter erfahren und nun kam auch auf ihn Beängstigendes zu.
»Es geht ihr nicht gut! Sie hat Atemprobleme und auch mit dem Essen will es nicht mehr so klappen. Wir ernähren sie nur noch mit fein püriertem Brei. Aber auch das wird immer schwieriger. Es ist halt alles schlimm und ohne Ewa wüsste ich nicht, was ich machen soll.«
Herr Bauer schaute beide Herren mit leicht geröteten Augen an und hatte Mühe seine Tränen zu unterdrücken.
»Wie wollen Sie denn Ihr Alter in Zukunft bewältigen?«, wandte er sich an beide Männer und wartete gespannt auf ihre Antworten.
Herr Neuhaus schaute leicht verlegen unter sich. »Mhm ... Na ja, ehrlich gesagt, mache ich mir in letz-

ter Zeit auch so meine Gedanken. Man wird ja nicht jünger und die körperlichen Probleme stellen sich auch mehr und mehr ein. Ehrlich gesagt, ich habe noch keine Lösung gefunden. Wie Sie ihr Problem mit Ewa gelöst haben, finde ich schon klasse. Nicht wahr, Herr Münster!«, sagte er aufmunternd an sein Gegenüber gewandt und schubste ihn leicht an der Schulter.

»Da müssen wir beide uns auch bald mal was Gescheites einfallen lassen.«

Ewa servierte das Essen und erntete viele Komplimente der Herren, die sich freuten, endlich mal wieder so richtige Hausmannskost genießen zu können. Auch der Nachtisch, Mascarpone mit Marsala und Orangenfilets, kam gut an. Ewa, die es nicht gewöhnt war, dass man ihre Kochkunst in so hohen Tönen lobte, hatte vor Verlegenheit gerötete Wangen. Sie bemühte sich, schnell wieder den Tisch abzuräumen und in der Küche zu verschwinden.

Sie genoss das tadellose Benehmen der alten Herren, die sich alle bemühten, einen freundlich Eindruck zu hinterlassen. Wenn sie da an ihren herrischen Vater und brutalen Exmann dachte ... Sie war es nicht gewöhnt, dass man sie als Frau respektierte und achtete. Es gefiel ihr außerordentlich.

Ihr Selbstbewusstsein wuchs von Tag zu Tag. Karl förderte das natürlich noch durch seine respektvolle und freundliche Art. Er war eigentlich der Vater, den sie sich immer sehnlichst gewünscht, aber nie gehabt hatte.

Als sie am Abend beim Fernsehen zusammensaßen, schnitt Karl das Thema Erbe erneut an.
»Ich habe mich mal erkundigt, wie das so ist, wenn Fremde, also keine Verwandte, erben. Da fällt ganz schön was an Erbschaftssteuer an!«
Karl schaute Ewa, die nach dieser Aussage erschrocken dreinblickte, lächelnd an.
»Aber, da musst du dir keine Sorgen machen. Ich habe mir das berechnen lassen. Und wenn ich nicht noch zwanzig Jahre lebe, was ja recht unwahrscheinlich ist, dann müsste mein Erspartes dicke dafür ausreichen. Unser Sparkonto müsste dann allerdings fast leer sein. Also müssen wir dir so nach und nach das Geld überweisen, damit du die Erbschaftssteuer bezahlen kannst. Hast du das verstanden?«
Karl schaute Ewa, die mittlerweile vor Aufregung etwas kurzatmig war, herausfordernd an.
»Wie stellst du dir das denn vor?«, fragte sie schüchtern.
»Ich habe dich doch schon öfter mal zum Geldholen an den Geldautomaten geschickt und dir dazu meine PIN-Nummer gegeben. Das können wir auch weiter so machen. Du holst immer wieder mal Geld von meinem Konto und zahlst es bei dir ein. Das machen wir so lange, bis du genug Geld für die Erbschaftssteuer zusammen hast. Na, was meinst du dazu?«
Ewa war sprachlos. So viel Vertrauen hatte sie nicht erwartet. Sie stand auf, umarmte Karl und drückte ihm einen dicken Kuss auf die Wange.

»Ist ja schon gut«, sagte er verlegen. »Aber wir müssen dafür natürlich ein Schriftstück aufsetzen, in dem wir diese Vereinbarung festhalten. Wo auch drin steht, dass du mich bis zu meinem und zu Elses Tod pflegen wirst. Nur intern, versteht sich! Den Notarvertrag machen wir trotzdem unabhängig davon.«
Ewa nickte und war immer noch ganz ergriffen von seiner Großzügigkeit. Karl hatte einfach an alles gedacht. Und sie wollte ihren Beitrag dazu leisten und sich bemühen, die Kosten für Karl noch zu reduzieren.
Deshalb werde ich Herrn Münster und Herrn Neuhaus noch in dieser Woche den Vorschlag mit dem gemeinsamen Essen unterbreiten, dachte sie. Es hatte sich beim Mittagessen nicht ergeben.
Die nächsten Tage beanspruchten Karl und Ewa sehr. Else ging es immer schlechter, ihr Ende war absehbar. Sie kamen mit dem Hausarzt überein, keine lebensverlängernden Maßnahmen zu ergreifen. Ihr Leidensweg in den letzten Monaten war kaum noch erträglich. Der Sinn darin, ihr Leben künstlich zu verlängern, war für Karl nicht erkennbar. Zumal sie beide schon lange eine Patientenverfügung unterschrieben hatten, die weitere Maßnahmen ausschloss. Er machte Ewa darauf aufmerksam, dass er niemals, sollte er jemals so hilflos wie Else daniederliegen, künstlich am Leben erhalten werden wollte. Das wollte er auch noch in seine Patientenverfügung mit aufnehmen.
Karl saß mit feuchten Augen an Elses Bett und hielt ihre Hand. Er flüsterte immer wieder beruhigende

Worte und schlief gleich darauf vor Erschöpfung im nebenstehenden Sessel ein. Als ihn Ewa ablösen wollte, fand sie ihn schlafend neben Else vor. Immer noch ihre Hand fest in seiner.
Aber Else war bereits für immer eingeschlafen und lag völlig entspannt, mit einer außergewöhnlich glatten Haut, regungslos in ihrem Bett. Nichts war mehr von dem gequälten Gesichtsausdruck der letzten Tage zu sehen. Sie lag friedlich wie ein Engel da, mit ihrem mittlerweile schlohweißen Haar. Ein ganz leichtes Lächeln umspielte ihr einst so schönes Gesicht.
Ewa berührte sie vorsichtig und prüfte zur Sicherheit ihren Puls. Sie fühlte sich noch ganz weich und warm an, aber einen Puls konnte sie nicht mehr zu spüren. Also konnte sie erst vor wenigen Minuten für immer gegangen sein.
Karl stöhnte im Schlaf auf und schnappte nach Luft, bevor Ewa ihn sanft wachrüttelte. Schlaftrunken schaute er sie an und sah sofort an ihren Augen, dass etwas Schlimmes passiert war.
Wortlos sah er zu Else und konnte nun seine Tränen nicht mehr aufhalten. Ewa drückte ganz fest seine Hand und nahm ihn in den Arm, worauf er hemmungslos zu weinen begann.
»Wir müssen den Arzt rufen!«, meinte sie leise und ließ Karl mit Else allein, damit er sich ein letztes Mal von Else verabschieden konnte.

Beerdigung

Es war eine schöne Beisetzung, an der viele Nachbarn aus dem Haus teilgenommen hatten. Dort lernte Ewa auch Herrn Mehring aus der anderen Penthousewohnung kennen. Sie hatte ihn zwar schon öfter am Briefkasten getroffen. Aber mehr als ein Hallo hatten sie nicht gewechselt. Er war für sein Alter ein überaus gut aussehender Mann. Weißhaarig, mit einem flotten Kurzhaarschnitt und einem Dreitage-Bart. Offensichtlich war er auch bemüht, jünger auszusehen, was man an seiner modernen Kleidung und seiner ganzen Art feststellen konnte. Er trug sogar eines der modischen Freundschaftsbändchen um sein Handgelenk. Sie wusste von Karl, dass er auch schon so um die siebzig war und eine sehr viel jüngere, aber kranke Frau hatte.

»Frau Nowak, so heißen Sie doch, gell?«, fragte er. Als Ewa bejahte, fuhr er fort. »Suchen Sie jetzt, wo Frau Bauer verstorben ist, eine neue Stelle?« Er sprach extra leise, damit nicht jeder mithören konnte.

»Warum?«

»Nun, wissen Sie, meine Frau ist auch sehr krank. Ich kann allein die ganze Betreuung nicht mehr leisten. Es überfordert mich total. Sie ist erst achtundvierzig Jahre alt. Sie litt an manischer Depression und befindet sich nach einem schlimmen Unfall im Wachkoma. Sie können sich vielleicht vorstellen, was das bedeutet.«

Es war offensichtlich, dass ihm das Weitersprechen schwerfiel und Ewa tat er in diesem Moment total leid.

»Wissen Sie, meine Frau hatte eine Fehlgeburt und war danach nicht mehr dieselbe. Sie kam mit der Situation nicht zurecht und verfiel immer mehr in Depressionen. Anfangs war es nur hin und wieder Stimmungsschwankungen, die mir aufgefallen sind. Aber es kamen auch skurrile Handlungen von ihr dazu, die mich aufmerksam werden ließen. Ständig wechselten sich Euphorie und Depression ab. Es war fast nicht mehr auszuhalten. Aber hier ist nicht der richtige Moment, Ihnen das ganze Dilemma zu erzählen. Kurz gesagt, meine Frau befindet sich im Wachkoma. Ich habe einen ambulanten Pflegedienst beauftragt und mache den Haushalt, gehe Einkaufen – eben alles, was bisher meine Frau gemacht hat, so gut es eben geht.«

Er schwieg und sah dabei Ewa ernst an.

Ewa war sehr betroffen von dem, was sie gerade gehört hatte und wusste erst einmal nicht, was sie sagen sollte.

Sie schluckte und schaute dem sympathischen Mann in die Augen.

»Ich melde mich später bei Ihnen, heute passt es nicht so«, sagte sie deshalb schnell und begab sich zu den anderen Trauergästen.

Bei der anschließenden Trauerfeier in einem italienischen Restaurant hatte Ewa endlich die Gelegenheit, mit Herrn Münster und Herrn Neuhaus über ihre Idee eines gemeinsamen Mittagessens zu sprechen. Sie hatte die Woche vorher ihre Putztermine wegen Elses Tod abgesagt.

Mit Karl und den beiden Männern saß sie an einem kleinen Tisch zusammen. Alle hatten ein großes Tortenstück und eine Tasse Kaffee vor sich stehen.
»Da wir hier alle zusammensitzen, möchte ich Sie etwas fragen.«
Dabei schaute sie abwechselnd von Herrn Münster zu Herrn Neuhaus, die sie beide aufmerksam ansahen.
»Also, da ich doch jeden Tag für Karl koche, habe ich mir gedacht, dass ich auch für Sie beide gleich mitkochen könnte. Das würde Ihnen täglich eine warme, frisch gekochte Mahlzeit bescheren und insgesamt die Kosten reduzieren. Was halten Sie davon?«
Während Herr Neuhaus begeistert reagierte, blieb Herr Münster, wie immer, die Antwort erst einmal schuldig und wiegte seinen Kopf hin und her.
»Das ist doch eine großartige Idee! Was meinen Sie, Herr Münster«, fragte Otto Neuhaus und schubste ihn leicht von der Seite an.
»Ja, schon. Aber wie haben Sie sich das denn vorgestellt?«, fragte er Ewa.
»Ich habe mir natürlich schon einige Gedanken gemacht«, antwortete sie voller Eifer.
»Ich denke, wenn wir uns auf einen Betrag einigen könnten, den jeder zahlt. Oder noch besser, ich kaufe alles, was benötigt wird. Dann teilen wir die Kosten durch drei und jeder zahlt seinen Anteil plus ein paar Euro extra für meine Arbeit. Dafür würde ich einen Extra-Kühlschank benötigen, in dem ich alle Lebensmittel aufbewahre.«

»Das macht aber viel Arbeit«, wandte Herr Neuhaus ein. Immer alles abrechnen zu müssen, Belege sammeln und so fort. Wäre es nicht einfacher, wenn wir uns auf eine monatliche Summe einigen, die jeder zahlt und Ewa kocht das, was sie will?«
»Klar, das wäre mir am liebsten. An wie viel Geld denken Sie denn pro Monat?«
»Nun, wenn ich davon ausgehe, was ich monatlich so fürs Einkaufen ausgebe, dann wäre ich mit drei- bis vierhundert Euro mit dabei. Das gebe ich jetzt so ungefähr aus. Dafür habe ich aber kein leckeres Essen jeden Tag, sondern benutze schon öfter mal die Mikrowelle«, grinste Herr Neuhaus.
Herr Münster nickte zustimmend. »Ja, das wird es bei mir auch so sein«, brummelte er.
Karl, der bisher überhaupt nichts gesagt hatte, war der Unterhaltung interessiert gefolgt. Nun ergriff er zum ersten Mal das Wort.
»Also meine Herren, ich mache mir ja schon einige Tage zu diesem Thema Gedanken. Ich muss sagen, ich fände es großartig, wenn wir gemeinsam einmal am Tag Ewas Kochkünste genießen dürften. Sie kocht ganz hervorragend. Ich schlage deshalb vor, dass wir einen Probemonat vereinbaren. Am besten täglich ein Abendessen. Dann kann man sich tagsüber etwas vornehmen und ist mittags auch nicht so müde. Ich empfehle, dass jeder von uns dreihundertfünfzig Euro an Ewa gibt. Sie soll damit zaubern, was sie möchte und wir lassen uns überraschen.«

»Und wo wird gekocht und gegessen?«, fragte Herr Neuhaus vergnügt und rieb sich voller Vorfreude die Hände.
Nun endlich meldete sich auch Herr Münster zu Wort und ihm lag tatsächlich ein leichtes Lächeln auf den Lippen.
»Von allen hier habe ich wohl die größte Wohnung und die größte Küche. Ich biete deshalb an, dass Ewa bei mir oben kocht und hier auch den Tisch für alle deckt. Und wenn das Wetter mitspielt, könnten wir sogar auf meiner großen Terrasse essen. Was meinen Sie dazu?«
Jeder schaute überrascht zu Herrn Münster, der nun doch tatsächlich ein breites Grinsen zeigte, was alle zum Lachen brachte.
Gutgelaunt schlugen sie auf Ewas dargebotene Hand ein.
»Darauf einen Schluck Champagner!«, rief Herr Neuhaus überschwänglich und winkte den Kellner herbei.

Nach Elses Tod

Elses Tod änderte einiges im Leben von Karl und Ewa. Ewa hatte plötzlich viel mehr Zeit zur Verfügung und ihre ganze Aufmerksamkeit galt nun Karl, der von Tag zu Tag allerdings mehr abbaute. Oft saß er in seinem Ohrensessel, döste vor sich hin. Oder er schaute sich alte Fotoalben an, die ihn und Else auf den vielen gemeinsamen Reisen zeigten. Ewa ließ ihn dann immer in Ruhe seine Trauer verarbeiten und kümmerte sich derweil um den Haushalt. Das war aber meistens schnell erledigt, sodass sie sich mit anderen Dingen beschäftigen konnte.

Sie hatte ein altes Kochbuch von Else mit überwiegend regionalen Rezepten gefunden. Hier wählte sie einige Gerichte aus, die sie den Männern kochen wollte. Sie stellte einen Menüplan für eine ganze Woche zusammen und schrieb die Zutaten fein säuberlich in ein Notizbuch. Auf keinen Fall durfte sie etwas vergessen und sich blamieren. Alles sollte perfekt sein. Denn wenn es bei diesen gemeinsamen Abendessen bleiben würde, konnte sie sich immer einiges von dem Kostgeld abzwacken. Über tausend Euro im Monat brauchte sie auf keinen Fall.

Überhaupt ging es ihr finanziell mittlerweile blendend. Mit Karl war sie nun doch übereingekommen, seinen alten Mercedes zu fahren, bevor er in der Garage langsam verrottete. Somit hatte sie ein Auto und musste nicht mehr extra dafür ansparen. Der Notartermin hatte auch schon stattgefunden und dann hatte ihr Karl auch noch seine EC-Karte gegeben und seinen PIN genannt. So konnte sie jederzeit Geld von seinem Konto abheben, was natürlich ein großes Vertrauen war, das sie bisher nur einmal missbraucht hatte. Der Hosenanzug war zu verlockend – und sehr teuer; sie konnte einfach nicht widerstehen. Dann kam noch die Kosmetikerin dazu, die auch teurer war als gedacht. Auch die roten High Heels gingen ihr nicht aus dem Sinn. Die wollte sie sich nächste Woche auch noch holen. Na ja, er wird es schon nicht merken, dachte sie. Es geht ihm ja gut bei mir.

Unabhängig davon überwies sie sich monatlich Geld für die spätere Erbschaftssteuer auf ihr eigenes Konto. Das hatte sie mit Karl so ausgemacht. Karls Guthaben schmolz nun langsam aber sicher dahin und für die monatlichen Kosten reichte seine Rente noch gerade so aus. Es war ja immer irgendetwas zusätzlich zu kaufen. Die Hauptsache ist doch, allen geht es gut, dachte sie zufrieden und ging ins Bad, um sich für den Einkauf zurechtzumachen. Das dauerte nun immer länger als früher, da sie nicht mehr ohne Augen-Make-up und Lippenstift aus dem Haus ging. Sie fand sich einfach zu schön mit Schminke und auch die neue Haarfarbe fand sie toll. Nicht mehr dieses fade rotblond und die farblosen Wimpern dazu. Nein, nun war sie mehr kastanienbraun mit einigen blonden Strähnchen im Haar. Dazu der flotte Haarschnitt. Sie gefiel sich einfach selbst gut und ihr Selbstbewusstsein wuchs von Tag zu Tag.

Karl hatte ihr erlaubt, den teuren Schmuck von Else zu tragen, was sie beim Ausgehen gern in Anspruch

nahm. So sah sie mit einem Schlag aus wie eine gut situierte, deutsche Frau und manch bewundernder Blick folgte ihr.
Karl war dabei einzuschlafen, als Ewa frisch herausgeputzt die Wohnung verlassen wollte. Sie brachte ihm noch eine Decke und flüsterte ihm ins Ohr, dass sie bald wieder da sein werde. Er nickte schläfrig und sie streichelte seine Wange.
Fröhlich machte sie sich auf den Weg.

Das erste Abendessen

Das Abendessen mit den drei Herren war ein voller Erfolg. Alle waren von Ewas Kostkünsten begeistert und brachten klar zum Ausdruck, dass sie diese Regelung nicht bereuten und auf jeden Fall beibehalten wollten. Auch dass man sich nun täglich traf, gefiel ihnen. So hatte man jeden Tag etwas, auf das man sich freuen konnte.

Ewa war angetan von Peter Münsters toller Einbauküche. Hier fehlt es an nichts und alles war äußerst modern. Nicht so retro wie Karls Küche, die zwar auch nicht schlecht war, aber im Vergleich doch schon angestaubt aussah. Auch das Geschirr, die Gläser, ja das ganze Ambiente war exklusiver und schicker als bei Karl. Na ja, da ist ja auch mehr Geld im Spiel, dachte sie, denn Herr Münster hatte von seiner Mutter viel geerbt. Außerdem verfügte er selbst über eine hervorragende Rente, die er aufgrund seiner Behinderung überhaupt nicht ausgeben konnte. Auch die großzügigen Räume mit den zum Teil antiken Möbeln gefielen Ewa ausgesprochen gut. Sie träumte sich beim Kochen in die Gastgeberrolle hinein und stellte sich vor, dass das ihre eigene Wohnung wäre.

Für den Abend machte sie sich stets ganz besonders zurecht und genoss stolz die Komplimente der Männer. Sie konnte sich nicht erinnern, dass ihr früher jemals jemand ein Kompliment gemacht hatte. Stets war sie nur das Mauerblümchen gewesen. Und nun spürte sie plötzlich bewundernde Blicke und die Männer schauten ihr beim Einkaufen hinterher. Das war

eine völlig neue Erfahrung, die sie ungemein beschwingte. Endlich gehörte auch sie dazu.
»Wer kann denn hier alles Skat?«, fragte Herr Neuhaus in die Runde. Leider konnte nur Karl mithalten, was Herrn Neuhaus aber nicht besonders betrübte. »Was haben Sie denn immer so gespielt?«, fragte er deshalb nach.
»Rommé, Canasta und am meisten Scrabble«, antwortete Karl fröhlich. »Das hält geistig fit«, schob er noch nach.
Herr Neuhaus grinste in die Runde. »Ja, Scrabble finde ich auch nicht schlecht. Das könnten wir dann auch alle gemeinsam spielen. Dabei kann Ewa ihr Deutsch noch mehr verbessern.«
Nun schaute er Ewa direkt an und meint noch: »Also Ewa, alles was im Duden steht, ist erlaubt. Da lernst du immer noch was hinzu.«
»Dann lasst uns doch einen Spieletag festlegen. Und bei dieser Gelegenheit möchte ich allen hier das Du anbieten«. Karl erhob sein Glas und alle stimmten erfreut zu.
»Da sind wir ab jetzt wohl so etwas wie eine kleine Wohngemeinschaft!«, meinte Herr Neuhaus. »Ich heiße übrigens Otto und du Peter, wie ich weiß«, sagte er Herrn Münster zugewandt.
Nun klirrten alle Gläser aneinander und man prostete sich lachend zu.

Frau Schneider

Hans Mehring aus dem linken Penthouse war erschöpft vom Großeinkauf zurückgekehrt und leerte am Eingang erst einmal seinen Briefkasten. Dabei öffnete sich, wie so oft, die Wohnungstür der Hausmeisterin. Frau Schneider, der nichts, aber auch gar nichts im Haus entging, schaute um die Ecke.

»Ach, Herr Mehring, Sie sind's. Wie geht es denn Ihrer Frau?«, fragte sie neugierig. »Sie haben ja wohl den ambulanten Pflegedienst eingeschaltet. Geht es denn Ihrer Frau so schlecht?«

»Ja, seit einiger Zeit kommt vier Mal täglich der Pflegedienst. Ich kann das allein nicht mehr bewältigen«, meinte Herr Mehring und wollte gleich in den Aufzug, um der Neugier dieser Damen zu entfliehen. An dem Getratsche im Haus wollte er sich nicht beteiligen. Und dass hier das Tagblatt des Hauses vor ihm stand, wusste jeder hier im Haus. Sie übersah nichts! Seit dem Unglücksfall vor zwei Jahren war sie noch neugieriger, was seine Person anbelangte.

Die Wohnung des Hausmeisters lag im Erdgeschoss, direkt neben der Briefkastenanlage, sodass man nur schwer unbemerkt an ihr vorbeikommen konnte. Ihre Fenster gingen Richtung Haustür und zur Straße hin, sodass sie auch diese Seite immer im Blick hatte. Frau Schneider lag ständig auf der Lauer und man konnte sicher sein, dass sie wusste, wer gerade hinein- oder hinausging.

Ihr Mann arbeitete noch in einer Getränkefirma, stand aber kurz vor der Rente und sie hatte nur ihren Zweipersonen-Haushalt zu versorgen. Damit war sie natürlich nicht ausgelastet. Kinder hatten sie keine und so meinte sie, sich als Frau des Hausmeisters überall einmischen zu müssen. ›Frau Wichtig‹ wurde sie von einigen Hausbewohnern hinter vorgehaltener Hand genannt und die Wichtigkeit ihrer Person war ihr ins Gesicht geschrieben. Es war eben alles interessanter am Leben ihrer Mitbewohner als an ihrem eigenen langweiligen Leben.

»Entschuldigen Sie bitte, ich muss mich beeilen. Ich war schon zu lange weg«, entgegnet er deshalb schnell und stand bereits mit einem Fuß in der Aufzugstür.

»Natürlich!«, meinte Frau Schneider enttäuscht. Sie hätte gern noch weiter mit Herrn Mehring geplaudert. Zumal sie auf der Beerdigung beobachtet hatte, dass er sich mit der Pflegekraft von Herrn Bauer leise unterhalten hatte. Zu gern hätte sie gewusst, worum es in diesem Gespräch gegangen war.

Da ist doch irgendetwas im Busch mit dieser Dame, dachte sie. Sie hatte neulich so einige Gesprächsfetzen hinter halboffener Wohnungstür aufgeschnappt. Und die Herren Bauer, Münster und Neuhaus waren in letzter Zeit oft zusammen unterwegs und so verdächtig guter Laune. Was sich da wohl abspielte? Sie hatte da so eine Vermutung. Ob die Dame nebenbei auch noch dem horizontalen Gewerbe nachgeht? Der Sache wollte sie auf jeden Fall nachgehen. Unseriöse Dinge werden wir hier nicht dulden, wir sind ein anständiges Haus!

Schnell schaute sie an der Briefkastenanlage, ob vielleicht ein Brief aus dem Kasten herausragte. Sie hatte die Angewohnheit solche Briefe herauszuziehen und den Absender zu beäugen. So konnte man immer irgendetwas Interessantes erfahren und sich einiges zusammenreimen. Enttäuscht stellte sie fest, dass alle Briefe tief in den Kästen waren.

Dann fiel ihr Blick auf die große Ablage über der Heizung. Schon wieder lagen viele Bücher da, die die Bewohner gern ohne Kommentar für andere Mitbewohner zum Lesen hier ablegten. Das wurde mittlerweile gern angenommen, sodass es sich so langsam zu einer kleinen Leihbüchereiecke entwickelt hatte, die sich täglich änderte. Auch sie schaute hier öfter nach, ob etwas Interessantes für sie dabei war. Aber nein, alles nichts für sie. Sie bevorzugte Liebesromane. Aber von der Klatschpresse lag etwas dabei. Das war schon eher was für sie. Mit einem Magazin unter dem Arm schlenderte sie zurück in ihre Wohnung.

Hans und Anke

Hans Mehring räumte seine Einkäufe ein, als es an der Haustür klingelte. Vor ihm stand Ewa und lächelte ihn an.

»Ich war gerade hier oben bei Herrn Münster, da wollte ich mich doch, wie versprochen, bei Ihnen melden.«

»Das ist nett! Kommen Sie doch herein!«

Hans Mehring machte eine einladende Geste. Er führte Ewa in das große, ungewöhnlich modern eingerichtete Wohnzimmer.

»O, was haben Sie einen fantastischen Blick!«, begeisterte sich Ewa und sah sich bewundernd im Zimmer um.

»Und Ihre Terrasse ist ja toll«, ergänzte sie noch und machte einen Schritt hinaus in den gleißenden Sonnenschein.

Von hier aus hatte man einen wundervollen Blick bis in den Taunus und konnte auch von oben in die umliegenden gepflegten Gärten schauen.

»Ist denn die Wohnung größer als die von Herrn Münster?«, fragte sie.

»Nein, beide Wohnungen sind etwa gleich groß. Aber die Münsters haben zu viele Möbel, was die Räume optisch kleiner aussehen lässt. Und wir haben auch rundum die bodentiefen Fenster. Das macht auch etwas aus. Man holt sich dadurch sozusagen das Panorama ins Zimmer.«

»Schön haben Sie es hier!«

»Das freut mich. Bitte nehmen Sie doch Platz!«

Herr Mehring deutete auf die riesige, fast weiße Ledergarnitur und Ewa ließ sich vorsichtig darauf nieder.
Jetzt nur keinen Fleck machen, dachte sie und schaute sicherheitshalber an sich herunter, denn sie hatte gerade das Abendessen in der Wohnung gegenüber vorbereitet.
Als Herr Mehring in die Küche ging, um einen Kaffee für sie beide zu holen, schaute sie sich ungenierter im Zimmer um. Und was sie sah, fasziniert sie. Es war eine gänzlich andere Einrichtung als die, die sie bisher in ihrem Leben gesehen hatte. Allein der Fußboden war ein Gedicht aus weißem Marmor und die Orientteppiche harmonierten mit den weißen Einbauschränken und der cremeweißen Ledergarnitur. Karls Möbel waren im Vergleich dazu wie aus einer anderen Welt. Eben etwas veraltet und düster dagegen. Hier war alles hell und licht und man spürte förmlich, wie das gute Laune machte. Auf einer Seite des Wohnraumes stand eine große gemauerte Bücherwand, die keinen Millimeter Platz für neue Bücher bot. Es war offensichtlich, das hier viel gelesen wurde. Auch auf dem Couchtisch lagen einige Bücher. Dann sah sie auf einem Beistelltisch ein Foto einer bildschönen Frau, die übermütig in die Kamera lächelte. Das muss seine Frau sein, dachte sie.
Das ganze Ambiente beeindruckte sie ungemein. Auch der charmante Herr Mehring, der altersmäßig schwer einzuschätzen war. Er hatte warme braune Augen, einen super kurzen Haarschnitt und insgesamt

eine jugendliche Ausstrahlung. Wenn er mit seinem silbergrauen Porsche, aus seiner Garage kommend, an ihr vorbeifuhr, war sie immer zutiefst beeindruckt. Seine sportliche Erscheinung passte zu diesem Fahrzeug wie die Faust aufs Auge. Karl hatte ihr mit leuchtenden Augen erklärt, dass es sich um einen Oldtimer aus dem Jahr 1956 handelte, der einen Wert von über einhundertzwanzigtausend Euro haben soll.
Nun war sie umso mehr gespannt, was er genau von ihr wollte.
»So, bitte sehr! Wie gewünscht, Kaffee nur mit wenig Milch!«
Hans Mehring stellte zwei Tassen Kaffee auf den Tisch und schaute Ewa freundlich lächelnd an.
»Nun Frau Nowak, wie ich Ihnen schon sagte, kann ich die Herausforderungen mit der Krankheit meiner Frau nicht mehr bewältigen. Zu meiner Frau kommt zwar viermal täglich der ambulante Pflegedienst. Aber es gibt noch so viel mehr zu tun, um meiner Frau eine optimale Pflege zu ermöglichen. Ich schaffe das nicht mehr allein.«Hans Mehring machte nun ein hilfloses und niedergeschlagenes Gesicht. Ewa meinte sogar, Tränen in seinen Augen zu sehen.
»Was genau fehlt denn Ihrer Frau?«, wollte sie wissen.
»Bevor ich ihnen die ganze Krankengeschichte erzähle, möchte ich aber gern erst einmal wissen, ob Sie sich vorstellen könnten, für mich zu arbeiten?«
»Also, die Sache ist die ..., ich wohne mit Herrn Bauer auch nach dem Tod seiner Frau weiter zusam-

men. Wir haben schon länger einen Deal ausgemacht, dass ich ihn auch nach dem Tod seiner Frau betreue. Außerdem hat sich so nach und nach hier im Haus eine Männer-Gemeinschaft von alleinstehenden Herren entwickelt. Das sind die Herren Neuhaus, Münster und Bauer. Ich koche für alle einmal am Tag ein Abendessen hier oben bei Herrn Münster. Die Herren kommen am Abend hier oben zusammen, essen gemeinsam und ab und zu werden dann auch Spiele gemacht. Das macht allen viel Spaß. Mir übrigens auch.«

Von dem ganz speziellen Deal mit Karl erzählte sie ihm nichts.

»Hm, das klingt ja recht verlockend, meinen Sie, ich könnte mich da vielleicht anschließen? Kochen ist etwas, was ich überhaupt nicht kann. Ich ernähre mich schon lange von Fertiggerichten oder durch den Pizzadienst.«

»O, Sie Armer! Da kann ich mir gut vorstellen, dass Sie gern bei uns mitessen würden. Ich frage die Herren mal nach ihrer Meinung, aber ich glaube, dass auch Sie willkommen sind. Und was die Hilfe für Ihre Frau anbelangt, so könnte ich Sie bestimmt für ein paar Stunden am Tag unterstützen, wenn Ihnen das genügt.«

»Möchten Sie sich meine Frau und die vorhandenen Hilfsmittel mal anschauen?«

»Ja, sehr gern.«

Ewa folgt Herrn Mehring in den geräumigen Flur. An der letzten Tür hielt er an und hatte die Türklinke in der Hand. »Erschrecken Sie bitte nicht. Meine Frau hat sich sehr verändert. Sie ist nicht mehr anwesend.« Leise öffnete er die Tür und Ewa schaute in ein abgedunkeltes Zimmer.

»Warten Sie, ich mache erst die Jalousette hoch, damit Sie mehr sehen können, und lasse frische Luft herein.«

Das war auch nötig, denn die Luft war stickig und es roch stark nach Krankheit und Inkontinenz.

»Hallo Anke, aufwachen. Schau mal, wen ich dir mitgebracht habe. Das ist Frau Nowak, die uns vielleicht behilflich sein wird.«

Er küsste seine Frau auf die Stirn und schaute hilfesuchend zu Ewa hinüber, die abwartend an der Tür stehen geblieben war.

Aber Anke zeigte keinerlei Reaktion. Sie öffnete zwar die Augen, aber man sah, dass sie eigentlich nichts sah und nur die Decke anstarrte.

»Na ja, gehen wir wieder ins Wohnzimmer, der Pflegedienst kommt ja auch gleich«, meinte Herr Mehring resigniert und dirigierte Ewa wieder hinaus.

»Was genau hat denn Ihre Frau?«

Ewa war bestürzt über den schlechten Zustand von Anke Mehring und wusste nicht so recht, was sie sagen sollte. Der Anblick dieser Kranken war überhaupt nicht mehr vergleichbar mit der Fotografie. Dort hatte eine attraktive Frau in die Kamera gelacht. Während im Krankenzimmer eine der Realität entrückte Kranke lag, die offensichtlich nicht mehr in dieser Welt lebte.

»Da muss ich etwas ausholen, um Ihnen ihren Zustand zu verdeutlichen.« Er räusperte sich und atmete tief ein, bevor er zu erzählen anfing.
»Sie müssen wissen, dass Anke meine zweite Frau ist. Ich will ganz offen zu Ihnen sein. Ich habe meine erste Frau wegen Anke verlassen. Wir waren kinderlos und ich hatte mich unsterblich in Anke verliebt, habe sie in unserem Tennisklub kennengelernt.«
Dass ich beruflich in einer Sackgasse steckte und meine Ehe wegen der vielen Geldsorgen bereits zu Ende war, muss ich ihr ja nicht auf die Nase binden. Auch dass mir nicht nur Anke gut gefallen hat, sondern auch der Luxus und das viele Geld, das sie umgab. Meinem Ego schmeichelte es außerdem ungemein, dass eine so viel jüngere Frau in mich verliebt war.
»Sie ist vierundzwanzig Jahre jünger als ich, was mich anfangs zweifeln ließ. Aber Anke war genauso verliebt wie ich und hat all meine Bedenken in den Wind geschlagen. So haben wir vor neunzehn Jahren geheiratet und waren anfangs ausgesprochen glücklich miteinander. Ich war schon dreiundfünfzig und sie neunundzwanzig. Sie wollte dann unbedingt ein Kind und wir probierten und probierten. Erst als Anke schon sechsunddreißig war, wurde sie endlich schwanger.«
Er musste erst einmal eine Pause machen. Man merkte, dass ihm das Erzählen schwerfiel.
Er holte immer wieder tief Luft und ging nun erst einmal in die Küche, um für sich und Ewa erneut einen

Kaffee zu holen. Ewa konnte nicht sehen, dass er beim Gang in die Küche durchaus kein bekümmertes Gesicht mehr machte.
Er war mit seiner schauspielerischen Leistung durchaus zufrieden. Denn in Wahrheit war ihm die ganze Situation sehr lästig. Von seiner Liebe zu Anke hatte er sich schon seit ihrem Suizidversuch gefühlsmäßig verabschiedet. Aber er musste ihren Tod abwarten und wollte sie nicht in ein Heim abschieben. Denn dann würde das ganze Vermögen für das Pflegeheim draufgehen, das war ihm schon klar. Ein Bekannter mit einer ähnlich kranken Frau musste sein Haus der Pflegeeinrichtung übertragen, damit sie beide überhaupt aufgenommen wurden. Das sollte ihm nicht passieren. Er wollte das bis zum bitteren Ende durchziehen, um sein reiches und sorgenfreies Leben weiter führen zu können.
Laut Aussage von Ankes Arzt hatte er sowieso nur noch von einer kurzen Lebenszeit von seiner Frau auszugehen.
Insgeheim rechnete Ewa das Alter von Herrn Mehring nach und stellte erstaunt fest, dass er ja bereits zweiundsiebzig Jahre sein musste. Er sah um zehn Jahre jünger aus.
Nachdem er sich wieder gesetzt hatte, erzählte er weiter.
»Das Drama für uns beide fing damit an, dass Anke eine Fehlgeburt im fünften Monat hatte. Das war für uns ein riesiger Schreck, denn wir freuten uns beide auf das Kind. Obwohl ich ja schon sechzig war und

so meine Bedenken hatte, ob ich nicht schon zu alt für ein Kind sei.«

Das mit dem Kind tut mir heute noch leid. Ich hätte schon gern jemanden, der für mich da ist und der sich mal um mich kümmert.

»Anke hat das ganze Dilemma besonders mitgenommen. Aber nach einer längeren Trauerzeit ging es ihr recht gut und sie arbeitete weiter im Juwelierladen ihrer Eltern. Dort konnte sie ihre Arbeitszeit selbst bestimmen. Aber so nach und nach fingen die Probleme an. Sie konnte kein Baby oder keine Schwangere mehr anschauen und verfiel mehr und mehr in eine tiefe Depression. Sie wollte nicht mehr aufstehen, heulte wegen jeder Kleinigkeit und hatte zu nichts mehr Lust. Von unserem Hausarzt wurde sie deshalb erst einmal krankgeschrieben. Wenn sie mit dem Auto unterwegs war, sorgte ich mich immer mehr, denn die Beulen und Kratzer am Fahrzeug nahmen dramatisch zu. Bis zu dem Tag, als sie bei ihrer Freundin war und die mich anrief, weil sie sich Sorgen machte. Anke wäre plötzlich so überdreht, hätte zuviel Alkohol getrunken und sie wollte sie nicht mehr allein nach Hause fahren lassen. Ich machte mir große Sorgen und holte sie, so schnell es ging, dort ab. Anke erschien auch mir völlig verrückt, ganz anders als in der letzten Zeit. War sie in den vergangenen Wochen eher depressiv, so war so nun plötzlich voller Euphorie und Begeisterung. Sie lachte und tanzte mir entgegen. Dabei zwickte sie mich noch unentwegt in die Wangen. Also alles in allem völlig untypisch für Anke. Zuerst schrieb ich das dem Alkohol zu. Aber die depressiven Zustände wechselten sich mit den euphorischen immer öfter ab. Ich machte mir große Sorgen und habe sie deshalb mit ihrem Einverständnis zur Psychotherapie angemeldet. Natürlich dachten wir beide, dass das Ganze mit dem Verlust des Kindes und der folgenden Depression zu tun hatte.«

Und ich konnte endlich die Firma allein leiten und mich mehr und mehr mit den ganzen finanziellen Dingen vertraut machen.

»Die Untersuchungen dauerten eine ganze Weile. Man vermutete sogar zuerst eine Schizophrenie. Bis die Diagnose zum Ende hieß *bipolare Störungen* oder auf Deutsch *manisch-depressive Störungen*. Das bedeutet, dass neben biologischen Einflüssen auch die individuellen Lebensumstände daran schuld sein können. In erster Linie war wohl der Verlust des Kindes als traumatisches Ereignis der Stress auslösende Faktor. Daraufhin wurde eine medikamentöse Behandlung durchgeführt. Trotzdem wechselten sich die depressiven und manischen Phasen ständig ab. Es war ein Wechselbad der Gefühle, auch für mich. Ich wurde regelmäßig in die Therapie mit einbezogen und musste berichten, wie das Verhalten zwischen den Arztterminen war. Auch Anke musste regelmäßig Fragebögen ausfüllen, damit sich der Therapeut ein immer besseres Bild ihrer Krankheit machen konnte. In einem vertraulichen Gespräch sagte mir der Arzt, dass ich unbedingt auf die Einnahme der Medikamente achten solle, da durchaus eine Suizidgefahr be-

stehen würde.« *Wenn ich ehrlich bin, war ich mit der ganzen Situation total überfordert. Insgeheim hoffte ich auf ein baldiges Ende!*
»Das war natürlich für mich ein Schock. Ich konnte es nicht fassen, wir waren doch so glücklich gewesen und ich konnte nur schlecht mit Ankes wechselnden Gemütsschwankungen umgehen. Und dann passierte es. Anke fühlte sich besonders wohl an diesem denkwürdigen Tag. Sie wollte allein in die Stadt, um sich neue Kleidung zu kaufen. Sie hatte stark abgenommen und es passte ihr fast nichts mehr. Sie war gut gelaunt und ich hatte schon die Hoffnung, dass sich alles wieder zum Besseren wenden würde. Sie wollte auch unbedingt allein mit dem Auto fahren und ich konnte ihr auch nicht zeigen, wie besorgt ich war. Also ließ ich sie mit einem mulmigen Gefühl fahren. Wir machten aus, dass sie mich jede Stunde anrufen und spätestens um fünf Uhr zurückfahren solle.«
Hans machte eine Pause, um einen Schluck zu trinken, und Ewa hing gebannt an seinen Lippen. Es war mucksmäuschenstill im Zimmer und es lag eine ungewöhnliche Spannung in der Luft. Ewa merkte, wie schwer es Hans fiel, über diese Zeit zu sprechen und wie sehr es ihn mitnahm.
Tief einatmend fuhr er fort.
»Anke rief mich jedoch nicht an und ich machte mir immer mehr Sorgen. Ich setzte mich an ihren Schreibtisch, um nachzusehen, in welcher Boutique sie immer einkaufen geht. Als ich die Schublade öffnete, sah ich, dass sie dort eine Menge ihrer wichtigsten

Tabletten in einem Schächtelchen versteckt hatte. Ich war entsetzt und rief ihre Freundin an, in der Hoffnung, dass sie vielleicht umdisponiert hatte und zu ihr gefahren sei. Aber leider Fehlanzeige! Ich rief ihren Therapeuten an. Aber auch er konnte mir nicht helfen. Also setzte ich mich in mein Auto und fuhr die Strecke ab, in der Hoffnung Ankes Auto eventuell irgendwo zu sehen. In der Zwischenzeit muss Anke aber nach Hause gekommen sein. Sie ging auf den Notausgangsbalkon hier auf unserer Ebene und stürzte sich in die Tiefe.«

Ewa riss bestürzt die Augen auf.

»O mein Gott, wie schrecklich«, rief sie aus.

Auch Hans sah die Bilder wieder vor seinen Augen, als er damals nach Hause kam und die Polizei bereits auf ihn wartete. Dann noch diese fürchterliche Hausmeisterin, die auf ihn einredete. Es war schrecklich damals. Aber er weiß auch noch, dass er dachte, lieber ein Ende mit Schrecken, als ein Schrecken ohne Ende!

Er nahm erneut einen Schluck aus seinem Glas, bevor er weitersprach.

»Zum Glück, oder aus heutiger Sicht, vielleicht auch zum Unglück, hatte sie überlebt und konnte sofort in die Klinik gefahren werden. Allerdings hatte sie eine schwere Gehirnblutung erlitten, die zu ihrem jetzigen Zustand des Apallischen Syndroms geführt hat. Ein Apallisches Syndrom ist ein Wachkoma, das durch gravierende Schäden an der Großhirnrinde herbeigeführt wird. Das heißt genau, dass Anke zwar noch

selbstständig atmen und ihre Augen hin und her bewegen kann, aber bewusst nichts mehr wahrnimmt. Da sie auch nicht mehr richtig schlucken kann, wird sie über eine Magensonde ernährt. Sie ist inkontinent und hat gelegentliche Zuckungen, die Sie aber nicht weiter beunruhigen müssen.«
Nun schaute er Ewa direkt in die Augen und sah ihr Entsetzen.
»O mein Gott, wie schrecklich! So eine schöne Frau und solch ein schreckliches Schicksal!«
Hans nickte nur zustimmend und fasste Ewa bei den Händen. »Werden Sie mich unterstützen?«, fragte er bittend.
Ewa nickte und sah Herrn Mehring mitfühlend an. Als sie spürte, dass sich ihre Blase nach den zwei Tassen Kaffee meldete, fragte sie: »Wo ist denn Ihre Toilette?«
»Da vorn, die erste Tür links. Ich suche dann schon mal einige Fotoalben heraus, damit Sie sehen können, wie schön meine Frau früher aussah«.
Er spürte, dass es ihm guttat, endlich mit jemanden über die schlimme Krankheit seiner Frau sprechen zu können. Außer mit den behandelnden Ärzten konnte er sich seine Probleme nicht von der Seele reden. Und Ewa schien ihm vertrauenswürdig und sympathisch, sodass er keine Bedenken hatte, sich ihr anzuvertrauen. Wenn er auch alles so schilderte, dass er als fürsorglicher Ehemann dastand, der sich für seine Frau aufopferte. In Wahrheit nutzte er die Situation auch aus, um sich finanziell besser abzusichern. Er

verkaufte schon kurz nach Ankes Diagnose, mit ihrer Vollmacht, den Juwelierladen. Das Geschäft lag in einer exklusiven Lage in der Frankfurter Innenstadt. Er erhielt einen außergewöhnlich hohen Preis und transferierte das Geld nach und nach auf sein eigenes Konto. Und mit dem Porsche belohnte er sich als Erstes für den guten Verkaufspreis, den er erzielt hatte.
Ich muss letztendlich damit rechnen, dass Anke nicht mehr lange leben wird. Da muss ich für alles gewappnet sein, dachte er ohne schlechtes Gewissen. Es ist ja nicht so, dass ich sie nicht geliebt hätte. Sie war eine Schönheit, jung, impulsiv und wahnsinnig verliebt in mich und ich auch in sie. Natürlich auch in das schöne, luxuriöse Leben mit ihr. Was hatten wir für eine schöne Zeit! Aber leider, Tempi passati!
Er suchte einige Alben heraus und blätterte darin herum.
Als Erstes schlug er das Album mit den Hochzeitsbildern und der anschließenden Reise auf. Dabei konnte er nicht verhindern, dass ihn die eigene Sentimentalität voll erwischte und ihm doch tatsächlich Tränen die Wangen hinunterliefen, die er sich verschämt wegwischte. Ewa sollte doch seine Schwäche nicht sehen, schließlich wollte er sich nicht als Weichei präsentieren. Aber die Bilder und seine Erinnerung machten ihm einen Strich durch die Rechnung. Seine Tränen ließen sich nicht aufhalten.
Wie schön Anke doch war. Auf dieser Seite lachte sie glücklich und unbeschwert in die Kamera und warf ihm einen Handkuss zu. Er konnte sich noch ganz

genau an diese Situation erinnern. Sie waren in ihrem Ferienhaus am Lago Maggiore, das Anke auch von ihren Eltern geerbt hatte. Während Hans durch die Scheidung praktisch mittellos war, hatte Anke ein großes Vermögen von ihren Eltern geerbt, die beide bei einem Autounfall verstorben waren. Es war ein tolles Anwesen oberhalb des Sees und sie wollten gleich nach der Eheschließung dort einige Woche Urlaub machen. Es wurde ihr Rückzugsort, wann immer es möglich war. Selbst wenn sie nur Zeit hatten, übers Wochenende dorthin zu fahren, nahmen sie die Reisestrapazen in Kauf.
Von ihrem Wohnort in Bad Soden waren es nur gut sechs Stunden Fahrt bis zu ihrem Feriendomizil. Es war ein relativ neues Haus mit allen Annehmlichkeiten und einem traumhaften Garten, der den Blick auf den See freigab. Sobald sie die Haustür öffneten, war Urlaub angesagt. Sie hatten einen italienischen Gärtner aus Trarego gewinnen können, der sich während ihrer Abwesenheit um das Anwesen kümmerte. So sah der Garten immer recht gepflegt aus, wenn sie ankamen. Aber dennoch machte es ihnen Freude, selbst den Garten zu hegen und pflegen. Es wuchs alles dermaßen schnell in dieser Gegend, bedingt durch die Feuchtigkeit des großen Sees und des mediterranen Klimas überhaupt. So war es stets an der Tagesordnung, dass sie regelmäßig einen Abstecher in die vielen Gärtnereien machten. Von dort kamen sie meistens mit einer neuen, für sie unbekannten Pflanze zurück.

Hans spürte beim Betrachten der Bilder förmlich den Geruch des Gartens in der Nase und eine tiefe Sehnsucht nach diesem Refugium überkam ihn. Wie lange war er nicht mehr dort gewesen? Es kam ihm wie eine Ewigkeit vor.
Ihre jetzige Penthousewohnung gehörte ursprünglich auch Ankes Eltern, die sie vor Einzug aufwendig renoviert und modernisiert hatten. Für Wohnung und Haus war Anke als Eigentümerin eingetragen. Er war ihr Universalerbe und würde erst nach Ankes Tod alles erben. An die Bankkonten konnte er ohne Probleme, da er hier alle Vollmacht hatte. Hin und wieder ertappte er sich bei dem Gedanken, wie es hätte sein können, wenn Anke bei ihrem Suizidversuch nicht gerettet worden wäre. Dann wäre er heute reich und frei und könnte sein Leben wieder selbst bestimmen. Er hatte immer gedacht, mit einer jungen Frau an seiner Seite wäre er auch im Alter bestens versorgt. Nun rückten die letzten Lebensjahre immer näher und es war genau anders herum. Was würde sein, wenn es ihm einmal schlechter ginge? Wer würde dann für ihn da sein? Alles Fragen, die ihn immer öfter quälten.
Das Leben ist schon seltsam. Immer kommt es anders, als man denkt!
Er hörte, dass Ewa die WC-Tür öffnete, und wischte sich noch einmal schnell über die Augen.
»Bei Ihnen ist alles wunderschön. So geschmackvoll und edel!«, sagte Ewa beim Betreten des Wohnzimmers und setzte sich wieder Hans Mehring gegenüber.
»Ja, meine Frau hatte einen ausnehmend exquisiten

Geschmack. Alles, was Sie hier sehen, hat sie ausgesucht und viele Sachen haben wir von unseren vielen Reisen mitgebracht.« Dass der ganze Luxus von dem Geld seiner Frau bezahlt wurde, erwähnte er nicht.
Er deutete auf die Fotoalben, die bereits aufgeschlagen auf dem Couchtisch lagen.
»Ich habe Ihnen mal ein paar Fotos herausgesucht. Schauen Sie hier! Das war nach der Trauung auf der Fahrt nach Italien. Und hier sitzen wir am Vierwaldstätter See zum Mittagessen. Das ist unser Haus in Italien. Ein kleines Paradies!«
Ewa spürte, wie aufregend das alles für Herrn Mehring war. Er war etwas kurzatmig und schnappte auffallend oft nach Luft.
»O, wunderschön! Ihre Frau sieht toll aus!«
»Sah toll aus!«, meinte Herr Mehring resigniert.
»Und das Haus erst! Fantastisch!« Ewa ließ sich durch seine Begeisterung anstecken.
»Haben Sie das Haus noch?«, fragte sie.«
»Ja, aber ich war schon fast zwei Jahre nicht mehr dort. Ich habe es manchmal Freunden überlassen, die dort ein paar Wochen Urlaub gemacht haben, damit es auch ab und zu bewohnt ist. Denn ein leer stehendes Haus ist nicht gut für die Bausubstanz. Besonders im Winter sollte es immer mal bewohnt und beheizt werden, denn die Luft ist dort schon feuchter als normal.«
Nach einer Weile des gemeinsamen Betrachtens der Vergangenheit von Anke und Hans, fragte Ewa interessiert nach dem weiteren Verlauf der Krankheit.

»Wo waren wir denn stehen geblieben? Ach ja, ich erzählte gerade, dass Anke seit ihrem Suizidversuch zunächst einer Akutbehandlung unterzogen wurde. Es musste ein Luftröhrenschnitt für die Beatmung gemacht werden und eine künstliche Ernährung über eine Magensonde direkt über die Bauchdecke angelegt werden. Man nennt es PEG, perkutane endoskopische Gastrostomie. Es wurden dann viele therapeutische Maßnahmen angewandt, die aber alle zu keinem Erfolg führten. Lediglich das selbstständige Atmen setzte wieder ein, sodass dieses Problem wenigstens beseitigt war. Sie erhielt eine Physiotherapie, Ergotherapie, Logopädie, Musiktherapie, alles Dinge, die die Kommunikation, Wahrnehmung und körperlichen Handlungen ermöglichen und unterstützen sollten, aber ohne jeglichen Erfolg. Das Ganze zog sich über ein Jahr hin und kostete ein Vermögen. Die Schädigung des Gehirns war einfach zu groß, um Verbesserung erwarten zu können. Deshalb wurde Anke nach Hause entlassen und wird seitdem viermal täglich vom Pflegedienst versorgt, alles andere mache ich.«
Hans Mehring machte eine Pause und nahm einen Schluck von seinem Kaffee, der mittlerweile völlig kalt und bitter war, sodass er angewidert sein Gesicht verzog.
»Soll ich uns noch einen Kaffee machen oder hätten Sie gern etwas anderes?«, fragte er Ewa.
»Vielleicht einen Wein, Wasser oder Cola?«
»Ein Wasser wäre nett, danke.«

Als Hans in die Küche ging, nutzte Ewa noch einmal die Gelegenheit und schaute sich in den Räumen um. *So möchte ich auch mal wohnen, dachte sie. Das Angebot von Herrn Mehring nehme ich auf jeden Fall an, sonst wäre ich ja blöd. Das kann ich mir doch nicht entgehen lassen.*
Hinzu kam, dass sie Herrn Mehring sympathisch fand. Sie war ihm zuvor schon ein paar Mal im Aufzug und am Briefkasten begegnet. Aber da hatte er sie überhaupt nicht wahrgenommen. Außer einem ›Guten Tag› fand kein Gespräch statt. Aber das war auch vor ihrer Verwandlung, als sie noch wie eine graue Maus aussah und ihr Selbstbewusstsein gleich null war. Das hatte sich zum Glück geändert und von Tag zu Tag wurde sie stilsicherer und selbstbewusster. Und die Aussicht, bald selbst eine Eigentumswohnung zu besitzen, förderte ihr Selbstbewusstsein enorm.
Hans Mehring war zwar bereits im Rentenalter, aber dennoch ein Mann, der ihr gut gefiel. Besonders seine schönen langgliedrigen und gepflegten Hände. Ganz anders als die ihres Vaters oder die von Tomasz. Beide hatten derbe, raue Hände, denen man fast ansah, dass sie auch gern mal zuschlugen. Das hatte sie selbst genug am eigenen Leib gespürt.
Überhaupt stand dieser Mann in keinem Vergleich zu allen anderen Männern, denen sie bisher begegnet war. Zuerst schüchterte sie das etwas ein und sie kam sich zweitklassig vor.
Aber Herr Mehring ließ sie überhaupt nicht spüren, dass er einer besseren sozialen Schicht angehörte. Im

Gegenteil, in seiner Gegenwart fühlte sie sich gleichwertig und angenommen.
Es klingelte an der Wohnungstür und Hans Mehring rief aus der Küche: »Ich komme. Das wird der Pflegedienst sein!«
Herein kam der ›Schnelle Harry‹, dem sie bei Karl beim ersten Gespräch schon einmal begegnet war. Sie musste unwillkürlich grinsen, denn alles, was ihr Karl von ihm erzählt hatte, war einfach witzig. Wie oft hatten sie sich gemeinsam über ihn amüsiert.
Auch heute kam er im Stechschritt hereingestürmt. Seine gefärbten Haare standen in alle Richtungen, sein Halsschmuck war an diesem Tag besonders üppig ausgefallen und machte beim Laufen klappernde Geräusche.
Er sagte Hallo in ihre Richtung und schon war er in Ankes Zimmer verschwunden.
Auch Hans Mehring grinste, als er sich wieder zu ihr setzte.
»An den muss man sich gewöhnen. Aber er ist ganz nett. Etwas andersartiger als das andere Pflegepersonal. Die meisten sind ehemalige Pfleger oder Krankenschwestern. Auch er war als Krankenpfleger in einem Krankenhaus beschäftigt. Das Ganze geht hier nach Minuten und wird jedes Mal auf einem Laufzettel festgehalten. Wenn's hochkommt, ist der Pflegedienst am Tag für die vier Mal vielleicht maximal eine Stunde insgesamt hier. Dafür darf ich dann plus/minus über zweitausendfünfhundert Euro bezahlen. Davon zahlt die Krankenkasse so etwa die Hälfte.

Hinzu kommen dann noch die Tabletten und Pflegehilfsmittel. Da kommt ganz schön was zusammen.«
»Welche Pflegestufe haben sie denn für ihre Frau?«
»Seit einiger Zeit hat sie Pflegestufe 3. Da zahlt die Kasse fast dreizehnhundert Euro für die ambulante Pflege.«
»Aber erzählen Sie mir doch noch weiter, wie lange liegt denn Ihre Frau nun schon so im Bett.« Ewa schaute ihn abwartend an.
Hans zuckte resigniert mit den Schultern und sprach weiter.
»Mit dieser Diagnose wurden ich nun mehr oder weniger allein gelassen. Nun war nichts mehr wie vorher. Das Leben war urplötzlich düster für uns beide. Die Krankheit stellte mein Leben völlig auf den Kopf und ich fragte mich immer wieder, was aus der schönen und aktiven Frau geworden ist. Ich verlor von einem auf den anderen Tag den Menschen an meiner Seite. Das ist nicht mehr meine Frau, die dort im Zimmer liegt. Das ist nur noch ihre Hülle. Es wurden Anke weiter angeblich wirksame teure Medikamente verordnet, die aber alle wirkungslos blieben. Lediglich in unserem Portemonnaie haben sie ihre Spuren hinterlassen. Ob mit oder ohne Medikament, an ihrem Zustand kann niemand etwas ändern. Sie ist nicht mehr zu retten!«
Ewa schaute auf die Uhr.
»O, schon so spät!«, rief sie aus. »Es tut mir leid, aber ich muss erst einmal zu Herrn Bauer. Er wird mich schon längst vermissen. Wissen Sie was, ich frage

heute Abend erst mal die Herren, was sie dazu sagen, wenn noch jemand dazukommt. Ich gebe Ihnen dann gleich Bescheid. Wir können dann weitersprechen. Entschuldigung. Ich melde mich wieder!«
Herr Mehring schaute enttäuscht auf und hob bedauernd die Schulter.
»Natürlich, das verstehe ich. Sagen Sie mir Bescheid, auch wegen der Pflege meiner Frau.«
Er hoffte inständig, dass Ewa ihn unterstützen würde. Sehr nett die Dame, dachte Hans Mehring. Komisch, dass sie mir vorher noch gar nicht so aufgefallen ist. Er war heilfroh, endlich einen Silberstreifen am Horizont entdeckt zu haben und zuversichtlich, dass Ewa anbeißen würde. Er hatte sie in das Krankheitsbild seiner Frau eingeweiht, aber verschwiegen, dass alles, was hier zu sehen war, von ihrem Geld bezahlt wurde. Er selbst hatte keinerlei Vermögen mehr. Seine Scheidung vor vielen Jahren hatte ihn ruiniert. Sie lebten von Beginn seiner Ehe an von Ankes Vermögen und in Wahrheit hatte er sich emotional schon lange von ihr verabschiedet. Sie war nicht mehr die kluge Schönheit, die er einst geliebt hatte. Wenn er sich auch schon damals von ihrem Vermögen blenden ließ.

Karl hat ein Problem

Als Ewa die Wohnung betrat, um nachzusehen, ob mit Karl alles in Ordnung war, fand sie ihn in seinem Lieblingssessel schlafend vor. Er hatte den Kopf zurückgelehnt und schnarchte aus offenem Mund, sodass sie ihn in aller Ruhe genauer betrachten konnte. Ihr fiel automatisch ihr Vater ein, der auch oft mit offenem Mund im Bett oder am Boden lag, geschnarcht und dabei seine ekelhafte Alkoholfahne verbreitet hatte. Ihr wurde übel bei diesen Gedanken an den Vater, die sie in vielen schlaflosen Nächten immer wieder heimsuchten. Sein Tod und ihre Tat ließen sie oft keinen Schlaf finden. Aber sie erteilte sich immer wieder selbst die Absolution und fand es richtig, was sie getan hatte. Das hämmerte sie sich oft ein, denn sein Dasein war sowieso keinen Pfifferling wert. Seitdem hatte ihr Leben einen positiven Verlauf genommen, wenn man von der kurzen Episode mit Tomasz einmal absah. Und nun wollte sie das Leben genießen. Sich all das gönnen, was ihr ein Leben lang verwehrt wurde. Nun war sie am Zug und der war nicht mehr aufzuhalten.

Sie sah sich insgeheim schon als Besitzerin dieser Wohnung. Mit einem beachtlichen Bankkonto, denn all das Geld, das sie sich hier im Haus verdiente, hatte sie auf ihr Konto gelegt. Alles andere bezahlte Karl, über dessen Bankkarte sie verfügte und der mittlerweile schon gar nicht mehr nach seinem Kontostand schaute. Er vertraute ihr voll und ganz und sie merkte, dass ihn das alles auch nicht mehr sonderlich interessierte. Er wurde von ihr gut versorgt, ihm fehlte es an nichts und Ansprüche hatte er sowieso nicht mehr, seit Else nicht mehr da war. Seinen Lebenswillen verlor er mehr und mehr, das konnte sie sehen und spüren. Wie alt er in den letzten Wochen geworden ist, dachte sie. Elses Tod hatte ihm doch mächtig zugesetzt. Er war seitdem richtig in sich zusammengefallen, jegliche Energie war aus ihm gewichen. Sein Blick war müde und trübe geworden und es fehlte ihm eindeutig die positive Ausstrahlung, die er zuvor immer gezeigt hatte.

Auch konnte er sich nicht mehr so gut konzentrieren und reagiert oft apathisch, wenn er mit den anderen zusammen war.

Vorsichtig berührte sie ihn an der Schulter und flüsterte seinen Namen.

Als er die Augen aufschlug, schaute er sie leicht verwirrt an, als würde er sie zum ersten Mal sehen.

Sie tätschelte seine Wange. »Möchtest du einen Kaffee? Ich habe auch noch ein Stück Kuchen, wenn du möchtest.

Er schaute an sich herunter und machte ein hilfloses Gesicht. Erst da bemerkte sie, dass er sich nass gemacht hatte.

»O Karl, hast du nicht gemerkt, dass du auf die Toilette musst?«

Karl fing an zu stottern und war plötzlich ganz aufgeregt. »Ich ... ich weiß nicht, wie ist denn das passiert?«, jammerte er.

Ewa half ihm auf und führte ihn zur Toilette.

»Komm, wir ziehen dich frisch an. Weißt du was, ich hole dir mal so eine Inkontinenzhose von Else, die sind doch super praktisch und ob du eine Baumwollunterhose anhast oder diese hier, ist doch egal.«
Karl ließ Ewa willig hantieren und fügte sich in sein Schicksal. Er kam ihr wie ein kleines Kind vor. Etwas wackelig war er auch auf den Beinen, sodass sie ihn auch zurück zum Sofa führen musste.
Das kann ja heiter werden, dachte sie. Schon wieder ein Pflegefall.
Den Sessel musste sie nun schnell erst einmal reinigen, bevor sich der Urin in den Stoff fraß.
»In einer halben Stunde gibt es Essen, dann gehen wir nach oben«, rief sie Karl zu, der erneut den Eindruck machte, als wolle er einschlafen.
»Ich muss mit euch allen auch noch etwas besprechen.«

Hans stellt sich vor

Es war ein ausgelassenes Geplapper, das Ewa aus der Küche hörte, als sie die Speisen auf die Teller lud. Otto war mal wieder der Wortführer, der einige Geschichten aus seiner Vergangenheit zum Besten gab, und alle hatten ihren Spaß dabei. Außer Karl, der in sich gekehrt am Tisch saß und augenscheinlich überhaupt nicht zuhörte.

»Bitte alle mal herhören!«

Ewa klopfte an ihr Glas und alle schauten sie neugierig an.

»Ihr kennt doch den Herrn Mehring von gegenüber. Bei ihm war ich heute etwas länger und er hat mir von seiner kranken Frau erzählt, die im Wachkoma liegt. Er fragte mich, ob ich ihm ein wenig behilflich sein könnte. Einen Pflegedienst hat er viermal am Tag.«

»Ach was, das wusste ich ja gar nicht«, meinte Otto. »Ihr?«, fragte er in die Runde.

»Ja, schon, aber nichts Genaues. Dass seine Frau krank ist, habe ich mir gedacht, weil da täglich vom Pflegedienst jemand kommt. Wisst ihr das nicht mehr? Die hat doch vor ein paar Jahren den Selbstmordversuch unternommen. Sie hat sich oben vom Notausgangsbalkon gestürzt. Das war doch damals eine riesige Sache. Mit Polizei und so ... Sie war dann sehr lange im Krankenhaus. Aber mehr weiß ich auch nicht. Ich hatte bisher keinen näheren Kontakt zu Herrn Mehring.«

Peter sagte dies mitfühlend.

»Da mach ich aber mal gleich einen Strich in meinen Kalender«, sagte Otto, »du hast mehr als einen Satz gesagt! Alle Achtung Peter!«

Karl lächelte unsicher.

»Da Herr Mehring niemanden kennt und hat, der ihm helfen könnte, werde ich wohl zusagen. Für euch wird sich deshalb aber nichts ändern. Aber ich wollte euch fragen, ob ihr was dagegen habt, wenn wir Herrn Mehring auch noch in dieser Gruppe aufnehmen?«

»Kann er Skat?«, fragte Otto grinsend.

»Ich kann ihn ja mal fragen«, grinste Ewa zurück.

Alle waren einverstanden. Jeder von ihnen wusste es mittlerweile zu schätzen, dass man sich täglich beim Essen traf und anschließend oft noch etwas gemeinsam unternahm.

»Was isst er denn heute Abend?«, fragte Otto spitzbübisch. »Hol ihn doch rüber, er wohnt doch nebenan. Dann lernen wir uns gleich etwas näher kennen. Ich kenne ihn nur aus dem Aufzug und hier nur Guten Tag und Auf Wiedersehen!«

Ewa ließ sich nicht lange bitten und kam mit dem überraschten und zugleich erfreuten Hans Mehring sofort herüber. Lächelnd begrüßt er alle Anwesenden per Handschlag und stellt sich förmlich vor.

Wieder war es Otto, der vorlaut wie immer jeden einzeln mit witzigen Kommentaren vorstellte.

»Wir sind hier alle per Du. Also wie heißt du mit Vornamen?«, fragte er kess.

»Ich heiße Hans und freue mich, wenn ich bei euch dabei sein darf.«

»Kannst du Skat?«, war die nächste Frage.
»Ja, aber hab's schon lange nicht mehr gespielt!«
»Prima, prima, dann hätten wir ja drei Spieler zusammen. Ewa, aber erst solltest du mal dem Hans dein wunderbares Essen servieren!«

Otto erzählt von Russland

Ewa hatte nun alle Hände voll zu tun. Sie versorgte Karl, der immer tüdeliger wurde, kochte täglich ein recht aufwendiges Essen und hielt die Wohnungen der Männer sauber. Das hatte sie sich nicht so anstrengend vorgestellt. Aber toll war, dass ihr Kontostand immer mehr anschwoll. Das machte für sie alles wieder wett.

Jeder der Männer bemühte sich und zeigte sich von seiner besten Seite, sodass die Zusammenkünfte harmonisch verliefen. Sie nannten sich mittlerweile humorvoll ›Klub der fröhlichen Oldies‹, und da jeder seine eigenen Lebenserfahrungen mitbrachte, ging der Gesprächsstoff nie aus.

Immer wieder gab es Anekdoten zu erzählen, die Anlass zu herzhaftem Gelächter boten. Besonders wenn Otto seine amourösen Geschichten zum Besten gab. Da war er in seinem Element, denn Techtelmechtels hatte er schon einige hinter sich.

Besonders lustig war, wenn er von seinen Abenteuern in Sachen Partnervermittlung erzählte. Diese Variante hatte er auch schon mal ausprobiert. Kurz nach seiner Scheidung hatte er eine kleine Phase der Einsamkeit und wusste eine Zeit lang nicht so recht, wo seine Reise hingeht. Da fand er den Gedanken an eine Partnervermittlung nicht schlecht und hatte sich dort als Mitglied registriert.

»Das war aber noch vor den ganzen Dating-Agenturen oder Singlebörsen, wie man das heute so nennt«, betonte er.

Diese Erlebnisse erzählte er dann mit diebischer Freude und schmückte natürlich die Treffen humorvoll aus. Das Gelächter war groß, wenn es um intimere Dinge ging, die er immer flüsternd erzählte, damit Ewa nicht alles verstehen konnte. Dann grinsten sich alle verschwörerisch zu und Ewa wusste genau, dass es mal wieder um Sex ging. Wenn Otto dann auch noch Männerwitze erzähle, war das Gegröle besonders groß. Meist sagte er noch vorher: »Ewa, du musst jetzt mal weghören!«

Es war halt wie oft, wenn Männer in fröhlicher Rund zusammen sind. Das andere Geschlecht bestimmt häufig das Thema. Ausnahme war Peter, der immer relativ verschämt reagierte. Aber letztlich lachte auch er verhalten mit, um auch Fragen der Männer zu vermeiden. Es war ihm schon aufgefallen, dass sie ihn immer etwas feixend anschauten.

Aber vielleicht bilde ich mir das nur ein, dachte er dann oft.

Lustig war es, wenn Otto seine Gitarre mitbrachte. Dann konnte er seine Qualitäten als Entertainer voll ausleben. Er kannte alle Lieder von Peter Kreuder aus den Dreißigerjahren. Auch die anderen stimmten beim Singen fröhlich mit ein. Erstaunlicherweise waren sie sogar einigermaßen textsicher und grölten aus voller Kehle mit. Besonders lustig fand Ewa das Lied ›Ich wollt, ich wär ein Huhn, ich hätt nicht viel zu tun ...‹, das sie noch nie gehört hatte. Aber auch zu anderen alltäglichen Situationen hatte er immer ein passendes Lied parat. Er war schon ein lustiger Vogel,

der viel in seinem Leben erlebt hatte. Traurig wurde es nur, wenn er von seiner russischen Kriegsgefangenschaft erzählte. Das waren Erlebnisse, die sich bei ihm tief eingebrannt hatten. Seine Musikleidenschaft hatte ihm aber selbst bei den Russen geholfen. Sie gaben ihm eine Gitarre und er durfte seine Lieder auf einer kleinen Bühne vorsingen. Das brachte ihm neben dem Applaus auch einige Vorteile ein.
Verschämt zeigte er ihnen eines Tages ein leicht zerfleddertes Büchlein. In diese Kladde hatte er während seiner Kriegsgefangenschaft eine von ihm komponierte Oper mit Noten und Texten aufgeschrieben. Sie wurde allerdings aufgrund der Umstände nie fertig geschrieben.
Alle lauschten gespannt, denn auch sie konnten über die Zeit vor und nach dem Krieg mitreden und erzählen. Aber alle, außer Otto, der schon mit siebzehn Jahren eingezogen wurde, mussten glücklicherweise nicht an die Front.
»Hier kann ich euch mal ein paar Seiten meiner Notizen vom Anfang der Gefangenschaft vorlesen, wenn ihr wollt. Ich habe sie in diesem Büchlein aufbewahren können.«
»Ja, bitte lies uns das vor«, meinte Ewa begeistert.
Es war plötzlich mucksmäuschenstill und alle warteten gespannt auf sein Vorlesen.
Otto nahm die dünnen, eng mit Bleistift beschrieben Papiere und las vor,

Mai 1945
Alles vorbei ...
Dönitz hat bedingungslos kapituliert. Die Geschütze schweigen ... Endlich Ruhe! An allen gewesenen Fronten steigen verschmutzte, ausgezehrte Landser aus Gräben und Schützenlöchern. Männer, die sechs Jahre wie ein Rammbock allen zum Trotz aushielten. Generäle kämpften mit der Waffe im Graben Seite an Seite mit den Landsern und duzten sie. Man war von dem ›Divisioner‹ begeistert. Man vergaß Tatberichte, Erschießungen, ... und all die Einrichtungen, die zur Aufrechterhaltung der Manneszucht und Disziplin ›nötig‹ waren. Das war ein Mann, der Herr General. Lag genau im Dreck wie all die anderen – das heißt, man hatte ihm natürlich seinen Übermantel untergelegt. Ehrensache – und dann war in diesem Abschnitt auch nicht allzu viel los. Aber ER war da und das stärkte den Kampfgeist. Die Division wäre in diesem Augenblick für ihn durchs Feuer gegangen. Das sollte auch bald geschehen, aber nicht durch das Feuer, nein, durch die Hölle, durch die Hölle mit all ihrer Qual. Und diese qualvolle Hölle begann im Mai 1945 in irgendeinem riesigen Auffanglager im Osten ...
Zu Tausenden standen wir herum und harrten dem Kommenden. Einem ungewissen Schicksal entgegensehend. Parolen jagten die Massen: Alle Überläufer würden sofort in die Heimat entlassen. Alle anderen nach drei Monaten wieder in ihre Heimat geschickt. Stalin habe es angeordnet. Menschenskind, die Sache ist doch halb so schlimm – was sind denn drei Monate

gegen die verflossenen sechs Jahre? Kleine Fische mein Lieber – der Iwan ist halb so schlimm – bitte, man darf sogar seine Rangabzeichen und Auszeichnungen tragen. Das Eiserne Kreuz 1 sowie das Ärmelband stiegen gewaltig im Kurs. Die Angebote überschlugen sich. Hundert Zigaretten für das Eiserne Kreuz 1, zweihundert Zigaretten und ein Paket Knäckebrot für das Ärmelband.
Beförderungen wurden hinter dem harmlosen Stacheldraht, der die Landser ja nur vor der Bevölkerung schützen soll, ausgesprochen. Kein Russe kümmerte sich darum – wirklich ein humanes Volk! Und man hat als Deutscher immer so schlecht von ihnen gesprochen. Man sollte sich schämen! Mit der Verpflegungsabwicklung dauert es ja ein wenig lange. Den Morgenkaffee bekommt man mittags, das Mittagessen, einen Brei aus Hirse, nach 24 Uhr. Vogelfutter sagten scherzend die Landser. Aber was macht es – man hatte ja noch genug aus den verteilten Küchenbeständen. Ja, man war in gewissem Sinne direkt reich geworden. Junge, sympathische Russensoldaten boten Zucker für einen Fotoapparat an. Man gab – der Russe hatte den bösen Deutschen alles überlassen, nicht das Geringste abgenommen – und was soll man mit einem Fotoapparat, oder ein paar überzähligen Strümpfen? Weg damit! In drei Monaten ist sowieso alles vergessen. Aber eines wird bestimmt bestehen bleiben: Die Freundschaft mit den Russen! Man muss aufklärend wirken – die großen Transparente, in dem noch größeren Lager muss man in der

Heimat populär machen: ›Russland, das Bollwerk des Friedens‹ oder ›Mit der Sowjetunion zum ewigen Frieden.‹
Sowjet-Offiziere machen uns in perfektem Deutsch auf den Lippen mit dem sozialistischsten Land der Welt vertraut. Wir glauben es, wir sind sogar bereit, in drei Monaten, wenn wir in unserer Heimat sind, die Sache für Russland zu propagandieren – jawohl.
Ein trauriger Zwischenfall hat sich ereignet: Die ›Donnerbalken‹, früher haben wir, glaube ich WC gesagt, sind in diesem riesigen Lager sehr rar. Verständlich, der Russe hatte mit solch einem Massenandrang nicht gerechnet. Stürzt doch ein Landser rücklings in die zähe Jauche. Pech gehabt! Der deutsche Stabsarzt stellte Tod durch Ersticken fest. Der erste Tote. Traurig, aber nicht zu ändern.
Auch diese Angelegenheit ist bald vergessen. Wir leben hier, relativ gesehen, einen herrlichen Lenz. Kein Krieg – keine Vorschriften, keine Vorgesetzten und in drei Monaten alles vorbei. Wunderbar!
Pessimisten, die von drei bis vier ja fünf Jahren Gefangenschaft reden, werden als vollkommen verblödet und als Idioten bezeichnet. Was wird nicht alles für uns getan: Russische Ärztinnen prüfen das Essen. Manchmal ist es versalzen, manchmal ohne Salz, na ja, die Geschmäcker sind eben verschieden, die Hauptsache ist, man hat etwas. Eine Einrichtung überwacht unseren Gesundheitszustand. Bei 39° fängt hier erst die Krankheit an. Ist ja ein bisschen komisch, aber die Russen haben wahrscheinlich ein anderes

Fieberthermometer als wir. Sie sind härter gegen sich selbst. Man kann nur daraus lernen. Bestimmt.
Die Bevölkerung außerhalb des Stacheldrahtes ist sehr gedrückt, oder kommt uns nur das so vor? Wahrscheinlich waren wir Deutsche daran schuld, dass ihre Augen so traurig dreinschauen. Wir werden uns Mühe geben, diese Scharte in der Heimat auszuwetzen. ›Hand in Hand zum ewigen Frieden mit der Sowjetunion‹. Diese riesigen Lettern über den Eingang unseres Lagers wollen wir versuchen, in die Tat umzusetzen.
Es war wieder ein großes Antreten im Lager. Wir wurden in acht große Blogs aufgeteilt. Ein Oberst der N.K.W.D. erklärte uns, dass es zu einem kurzfristigen Arbeitseinsatz ginge. In Richtung Heimat. Das Lager tobte vor Freude. Morgen soll es losgehen. Am Abend machen wir es uns gemütlich. Die Vorräte werden gefuttert. Wir singen deutsche Kommislieder. Russische Offiziere stehen dabei … und lächeln. Es geht so bis zum Morgen. Alle wollen wir eine angenehme Erinnerung mit nach Hause nehmen. Freundschaften werden geschlossen, Wiedersehensfeiern beratschlagt. Alles in allem sind wir glücklich. An Schlaf denkt keiner, wie könnte man auch: In einigen wenigen Wochen wieder daheim, und dies alles haben wir dem Russen zu verdanken. Und wir haben vorher so schlecht von ihm gedacht. Verzeihung – es lebe die Sowjetunion!
Wir nehmen Abschied. »Auf Wiedersehen in der Heimat!«, rufen wir. Ein Winken und Rufen begleitet den

Block, dem ich zugeteilt bin. Mit dem ›schönen Westerwald‹ auf den Lippen, verlassen wir das Lager. Es geht durch die Straßen der kleinen, arg in Mitleidenschaft genommene Stadt. Alle zehn Meter steht ein russischer Soldat mit entsicherter MP zu unserem Schutz. Sie schauen uns nicht gerade freundschaftlich an. Was kümmert's uns. Nach fünfzehn Minuten erreichen wir das Bahngelände. Hier ist die Postenkette bedeutend verstärkt. Zivilisten sind nicht mehr zu sehen. Vor unseren Augen steht ein riesig langer Güterzug mit nur großen Waggons. Die Schiebetüren sind weit aufgestoßen. Wir stehen herum. Vier bis fünf Stunden – für russische Zeitbegriffe nicht lange. Dann werden wir von nervös herumrennenden Sowjet-Offizieren in Gruppen zu je neunzig Mann eingeteilt. Ein eigenartiges Gefühl beschleicht uns. Schleicht durch alle über zwanzig zählende Blocks. Will man denn die neunzig Männer in einen einzigen Güterwagen verladen? Das kann doch unmöglich der Fall sein. Neunzig Mann! Das bedeutet, schlimmer als das Vieh verfrachtet zu werden. Neunzig ausgewachsene Menschen in solch einen Waggon? Nein! Wo bleibt denn hier die Menschlichkeit? Wir dürfen nicht daran denken. Dazu wird uns auch keine Zeit mehr gelassen. Mit Kolbenstößen und viel Geschrei werden wir von den Posten in das Innere des Waggons getrieben. Wie Ölsardinen kleben wir aneinander. Hier im Inneren macht sich ein beißender Geruch von Chlorkalk bemerkbar. Die Türen werden von den Posten mit großem Gepolter und heftigem Fluchen geschlossen und verriegelt. Ein furchtbarer Verdacht steigt in uns auf. Behandelt man so Menschen, die man in spätestens drei Monaten in ihre Heimat entlassen will? Haben wir nicht ein Anrecht darauf, menschlich behandelt zu werden? Wo bleibt hier der in alle Welt posaunte Sozialismus der Sowjets? Wo bleibt hier die Wahrheit? Wo bleibt … wo bleibt … wo bleibt ... scheinen uns auch die Räder höhnisch entgegenzurufen, die nun schon seit Stunden, oder sind es vielleicht schon Tage, ihren vorgeschriebenen Weg rollen. Nach Osten! Jawohl, unaufhörlich nach Osten in das große Ungewisse! Alle halbe Stunde, fast auf die Minute genau, hörten wir dumpf tönende Geräusche über uns. Zuerst dachten wir an irgendwelche Sprengungen in der Nähe. Durch das Gerassel des Zuges konnte man es nicht genau wahrnehmen. Aber dann hatten wir es heraus: Russische Begleitkommandos überprüften die Dächer der Waggons, um irgendwelche Ausbruchsversuche zu verhindern. Sind diese Vorsichtsmaßnahmen nötig, wenn man den Inhalt dieser traurigen Fracht in spätestens drei Monaten …? Lüge! Alles Lüge!!

Wie Schuppen fiel es nun jedem von uns von den Augen. Das also war das wahre Gesicht des ›Arbeiterparadieses‹ – eine Fratze, höhnisch und verlogen! Wir fuhren schon eine Ewigkeit oder dünkt es uns nur so? Eine große Mutlosigkeit hat sich in uns gefressen. Die Luft ist in unserem Waggon unerträglich geworden. Es herrscht eine unwahrscheinliche Hitze. Die kleine Notdurft wird dort verrichtet, wo jeder Ein-

zelne steht. Dadurch haben wir alle feuchtwarme Beinkleider bis ungefähr zum Knie, da der Platz zum Ausweichen fast nicht vorhanden ist. Sehr viele von uns, die unbedingt Haltung bewahren wollten, machten einfach in die Hosen, aber man achtete darauf genauso wenig wie auf das Erstere. Für das große Geschäft wurde, nach allgemeinen Umfragen, der Kochgeschirrdeckel von fünf Freiwilligen benutzt. Den Reinigungsdienst hatte der Mann, der dem kleinen Klappfenster am nächsten war. Eine undankbare Aufgabe. Aber er hatte sie mit einer stoischen Gleichgültigkeit gelöst, die bewundernswert war. Er stammte aus Oberschlesien, sprach Polnisch und war unser Delegierter am Fensterchen, wenn die Russen irgendetwas wollten. Aber sie wollten noch lange nichts…

Nach einigen Tagen Bahnfahrt bemächtigte sich uns ein quälender Durst, ohne jedes Hungergefühl. Die Feldflaschen, die man uns ebenfalls belassen hatte, waren genauso trocken wie unsere Kehlen. Viele unserer Männer im Waggon begannen vom Wassertrinken zu erzählen. »Herrlich klares, kaltes Quellwasser, wenn man es so glucksen hörte.« Wir hörten es alle »glucksen« …und »wenn man dann das Wasser schlürft, so durch die hohle Hand«… und wir schlürften es alle in Gedanken durch die hohle Hand. Wasser! Wasser!! Dieser Gedanke fraß sich in uns fest. Er peinigte uns. Einem kleinen Schwaben aus Stuttgart waren die Nerven durchgegangen. »Wasser!!«, schrie er. »Ich will Wasser!! Gebt mir doch was zum

Saufen!!!« Es war furchtbar. Und keiner von uns konnte ihm helfen. Wir litten doch genauso. Wir trommelten mit aller Gewalt gegen die starken Bohlen des Waggons. »Wasser, Wasser, Was-ser, Was-ser!!!«, riefen wir ihm Sprechchor. Plötzlich hörten wir über uns die Russen rufen und pfeifen. Wir schrien noch lauter. Dann merkten wir, dass der Zug seine Fahrt verlangsamte. Unaufhörlich klang unser Ruf nach Wasser. Jetzt konnten wir sogar unseren benachbarten Waggon hören, die ebenfalls nach Wasser riefen. Dann hielt der Zug. Russische Worte drangen an unser Ohr. Man rief nach unserem »Perewotschik« (Dolmetscher). Der Oberschlesier meldete sich. Totenstille herrschte in unserem Waggon, nur der kleine Schwabe lallte weinend vor sich hin. »Wasser, nur einen Schluck Wasser.« Wie gebannt hingen unsere Augen an dem Oberschlesier. Was würde er uns zu sagen haben?

Endlich, es dünkte uns schon eine Ewigkeit, erfuhren wir, was der Russe ihm zu sagen hatte. »Also, wir bekommen Wasser. Da es aber schon Nacht ist, kann man uns nicht aus dem Waggon lassen, da Fluchtgefahr besteht. Aber es bekommt jeder Waggon einen Eimer voll Wasser aus dem Tender der Lokomotive. Morgen, wenn es wieder hell wird, könnten sich alle Mann am nächsten Bahnhof satt trinken. Bis dahin hat Ruhe und Disziplin zu herrschen, sonst müsste man es als Sabotage gegen Russland und seine Führung auslegen und die Anstifter würden sich dadurch eines großen Verbrechens schuldig machen.«

Ein Eimer Wasser geteilt durch neunzig Mann! Das heißt, je Mann ein Schluck Wasser! Aber kann man bei neunzig ausgedörrten Kehlen von solch einer Disziplin sprechen, dass jeder nur einen einzigen Schluck Wasser – einen einzigen Schluck! – zu sich nimmt und damit zufrieden ist? Nein! Auch die eisernste Disziplin ist dagegen machtlos. Es gibt bestimmt hier und da Männer, die es könnten, warum nicht, aber keine neunzig in einem Bahnwaggon auf dem Weg ins Ungewisse. Der Selbsterhaltungstrieb wird hier zum Diktator. Nachdem die Worte des Russen die Runde in unserem Waggon gemacht hatten, blieb alles mäuschenstill – geradezu unheimlich still! Man hörte nur das Schnaufen, das schwere Schnaufen von neunzig Männern, die wohl einsahen, dass sie viel zu klein waren, um etwas Großes zu unternehmen. Der ganze Transport schien sich wahrscheinlich in sein Schicksal zu fügen, denn es lag über dem Zug eine gespenstige Ruhe. Trotzdem lag irgendetwas in der Luft, was man als ›gespannte Atmosphäre‹ bezeichnen konnte. Das fühlten wir alle, das heißt, wenigstens wir hier in unserem Waggon IVNr. 6. Und wir sollten auch gar nicht mehr so lange darauf warten. Plötzlich im Waggon ein ohrenbetäubender Lärm. Was war passiert? Da! Das Geschrei wird stärker, vermehrt sich, immer lauter, immer grässlicher. Jetzt wird unsere Waggontür entriegelt. Die Männer stehen hier wie Raubtiere zum Sprung. Viele mit weit aufgerissenen, manche mit zusammengekniffenen Augen und mahlenden Kiefern. Ruckartig wird die Schiebetür aufgerissen. Ein fast neuer Zinkeimer wird mit dampfendem Wasser hineingereicht. Es sieht aus, als ob jeder der Männer zehn Arme besitze, so viele Arme sieht man nach dem Eimer greifen. Die Tür wird wieder fest zugezogen. Ein gellender Schrei ertönt. Einer hat den Arm dazwischen und keiner merkt es. Alles stürzt sich auf das Wasser. Ein Drängen, Stöhnen, Schreien, Schlagen. Wasser! Wo ist das verfluchte, köstliche Wasser? Der Mensch ist zur Bestie geworden – und das Wasser? Es ergießt sich auf die muffigen Kleidungsstücke und auf dem verunreinigten Boden eines russischen Viehwaggons mit bedauernswerten deutschen Kriegsgefangenen auf ihrer Fahrt ins ›Paradies‹.

»Mehr habe ich nicht mehr aus dieser grauenhaften Zeit«, sagte Otto und legte wehmütig die leicht verschlissenen Seiten vorsichtig zurück in seine Kladde. Nun war es totenstill im Zimmer. Die Männer schauten bedrückt unter sich, und Ewa meinte zu sehen, dass sie alle feuchte Augen hatten. Die Erinnerungen eines jeden schwebten wie eine Wolke durch den Raum.
Wenn auch Otto der Einzige war, der an der Front gewesen war, so hatten doch alle die Schrecken des Krieges miterlebt.
»O mein Gott, was für eine schreckliche Zeit! Zum Glück musste ich das nicht erleben. Das macht umso mehr deutlich, wie wichtig es ist, dass Frieden herrscht in Europa. Ein Glück für alle, die nach 1945 geboren wurden. Wir haben keinen Krieg erlebt und

müssen alles dafür tun, dass das auch so bleibt!«, meinte sie feierlich in die Stille hinein.
»Da hast du recht, mein Kind«, antwortete Otto.
Er klatschte in die Hände.
»Nun lasst uns wieder an was anderes denken. Lasst uns im Heute und Jetzt leben und unsere Restlaufzeit noch so gut es geht genießen.«
Er nahm seine Gitarre und spielte leise mitsummend ein Lied.

Im Ferienhaus

Beim nächsten Abendessen erzählte Hans ausführlich von seinem Ferienhaus am Lago Maggiore. Er holte sogar seinen Computer, auf dem er viele Fotos von diesem Anwesen gespeichert hatte. Die Männer waren mächtig beeindruckt und fanden es toll, dass er sich solch ein exklusives Anwesen überhaupt leisten konnte. Aber gleichzeitig fanden es auch alle schade, dass das Haus nun unbewohnt war.

Otto war der Erste. »Da könnten wir doch alle mal gemeinsam hinfahren. Wir haben doch jede Zeit der Welt und wer weiß, wie lange wir noch fit für so eine Reise sind.«

Die Begeisterung war groß und strahlende Gesichter schauten Hans abwartend an.

»Ja, das wäre super«, meinte nach kurzem Nachdenken auch Hans, dem das Haus ja schließlich inoffiziell gehörte. Wie oft dachte er sehnsüchtig daran zurück.

»Aber was machen wir mit Anke?«

»Die nehmen wir einfach mit. Oder was meinst du Ewa, ist das überhaupt möglich?«

Ewa, die die Unterhaltung verfolgt hatte und die noch nie in ihrem Leben in Italien war, überlegte nicht lange, bevor sie antwortete.

»Das ginge schon, wenn wir ein großes Auto hätten und die ganzen Hilfsmittel für Anke mitnehmen könnten. Aber das ist schon eine Menge. Wenn ich allein an den Rollstuhl, den Duschstuhl, die Hygieneartikel denke ... und natürlich auch noch Peters Rollstuhl ... Alles andere muss Hans beurteilen, ich

kenne das Haus ja nur von den Bildern. Wie sieht es denn mit dem Bad aus und mit Treppen et cetera?«
»Na ja, wir haben versetzte Wohnebenen und die drei Bäder sind relativ eng. Also mit dem Duschen wird es schwierig. Aber man kann mit dem Auto fast bis zur Haustür fahren und ums Haus herum kommt man auch zur Terrasse.«
»Wir müssten uns einen Bus mieten«, meinte Otto.
»Wie viel Betten hast du denn?«
»Betten sind genug da. Ewa müsste dann allerdings mit Anke in einem Zimmer schlafen. Dann hätte ich noch ein Einzelzimmer und zwei Doppelbetten zu bieten.«
»Das Einzelzimmer müssten wir Peter geben, wegen dem Rollstuhl!« Ewa schaute Peter an, der dazu erleichtert nickte, denn das Schlafen im Doppelbett mit einem der Männer wäre ihm sehr unangenehm. Ewa spürte das genau, zumal ihr beim Reinigen seiner Wohnung schon einige Ungereimtheiten aufgefallen waren.
»Oder Hans, du fragst mal den Pflegedienst, ob sie Anke für ein paar Wochen in stationäre Pflege nehmen könnten!«
»O ja Ewa, das ist eine prima Idee. Das mache ich. Gleich morgen rufe ich dort an.«
Karl war als Einziger nicht bei der Sache. Ewa sah ihm an, dass er mit seinen Gedanken ganz woanders war. Er nickt zwar zu allem und sagte Ja, wenn er gefragt wurde, aber Ewa spürte genau, dass er nicht zugehört hatte. Er gefiel ihr in letzter Zeit überhaupt

nicht mehr. Seine Inkontinenz war nun an der Tagesordnung. Sie führte ihn deshalb mehrfach am Tag zur Toilette. Dort ließ sie ihn zwar allein, obwohl bei Karl mittlerweile kein Schamgefühl mehr vorhanden war. Aber Ewa selbst zog sich lieber zurück. Zu sehr kamen da Erinnerungen an ihren Vater hoch, dem sie oft in einem erbärmlichen volltrunkenen Zustand auch die Genitalien reinigen musste. Das war nicht nur wenig lustig, sondern oft auch ekelhaft. Allein der Gedanke daran ließ sie erschauern. Aber es war ihr auch klar, dass Karls Zustand immer schlimmer wurde. Ihr grauste bei der Vorstellung, dass sich das Ganze bald nicht nur aufs Pipimachen beschränken würde.

Schnell war allen klar, dass sie dieses Abenteuer gemeinsam durchziehen wollten. Besonders Otto war nicht mehr zu bremsen. Ständig sprudelten aus ihm neue Ideen heraus, was man alles anstellen könne. Sofort zählte er auf, was mitzunehmen wäre ... und er notierte sich sofort, um was sich jeder zu kümmern hatte.

»Ich übernehme schon mal das Auto. Ich kenne da einen Autohändler aus meiner Versicherungszeit, der hat auch kleine Personentransporter. Den werde ich mal fragen, ob wir zu einem günstigen Preis ein Fahrzeug mieten können«, meinte er zuversichtlich.

»Und? Wann geht's los?« Otto grinste in die Runde und rieb sich dabei glücklich die Hände.

»Ich müsste das erst mal mit dem Pflegedienst abstimmen. Wenn es nicht geht, ist schon klar, dass du

diese Aufgaben dann alle übernehmen müsstest?«, sagte Hans zu Ewa.
»Ja, natürlich!« Ewa nickte, aber insgeheim grauste ihr schon vor der Aufgabe. Aber Italien! Da wollte sie schon immer mal hin. Dafür würde sie jede Strapaze in Kauf nehmen.
Natürlich wäre das mit Anke anstrengend. Das ständige Frischmachen, Duschen und Rein-in-den-Rollstuhl, Raus-aus-dem-Rollstuhl, ins Bett heben ... das war körperliche Schwerstarbeit. Zumal Anke überhaupt nicht mehr in der Lage war mitzuhelfen. Sie lag unbeweglich wie ein Felsbrocken im Bett und war, obwohl eher schmal und dünn, durch ihre Akinese kaum zu bewegen. Auch das An- und Ausziehen war eine schweißtreibende Tortur für Ewa.
Aber an all das wollte sie im Moment nicht denken. Die Freude über die bevorstehende Reise überwog. Im Geiste war sie schon mit diversen Einkäufen beschäftigt. Badeanzug, luftige Kleider, Schuhe ..., das alles musste noch besorgt werden.
Sie rief gleich bei Milena an, um sich mit ihr im Einkaufszentrum zu verabreden. Sie hatten sich schon länger nicht mehr gesehen und Ewa wollte ihr von den vielen Neuigkeiten in ihrem Leben erzählen.
Milena war erst einige Tage aus Polen zurück. Sie war mit ihrem neuen Freund Martin dorthin gereist, um ihn ihrem Bruder vorzustellen. Ihre Beziehung entwickelte sich so peu à peu in Richtung Heirat. Und ihr Bruder war eine Konstante in ihrem Leben. Sie waren als Waisenkinder bei den Großeltern aufge-

wachsen, die mittlerweile beide tot waren. Das schweißte die Kinder zusammen. Ihre Mutter hatte sich, als sie noch ganz klein waren, das Leben genommen, und ein Vater war beiden nicht bekannt.

Trarego Viggiona, Lago Maggiore

Fabio schlug fluchend auf das Lenkrad seines kleinen Dreirads ein. Wieder so ein dämlicher Tourist, der die Strecke nicht kennt und beim Fahren gleichzeitig das Panorama besichtigt, dachte er wütend. Er hatte es eilig. Konnte aber nicht auf der steilen, schmalen Straße, die sich von Cannero kommend circa fünf Kilometer serpentinenartig nach oben schlängelte, das Fahrzeug vor ihm überholen. Erst musste eine Ausbuchtung kommen, bevor er es wagen konnte, auf der uneinsichtigen Straße zu überholen. Die Deutschen, die vor ihm fuhren, waren natürlich begeistert von der exorbitanten Aussicht auf den Lago Maggiore und die umliegenden Berge, sodass er erst laut hupen musste, damit sie sich schneller vorwärts bewegten.

Er wollte nach Viggiona zur Villa Mehring, um seine brisante Ladung abzuladen. Je schneller er die Ware los war, umso besser für ihn. Auch musste er noch einiges für seinen Vater erledigen, der den Garten der Villa pflegte. Der nahm seine Aufgaben immer sehr genau und erledigte gewissenhaft alle Tätigkeiten, damit das Anwesen einen gepflegten Eindruck machte. Dafür kassierte er monatlich eine großzügige Summe, auf die er nicht verzichten wollte. Denn es gab genug Gärtner hier am Lago, die den ausländischen Hausbesitzern ihre Dienste anboten. Das war meist ein einträgliches Geschäft, da die Vegetation, bedingt durch die hohe Luftfeuchtigkeit, gewaltig war. Das Wachstum am See war eine unerschöpfliche Einnahmequelle für die Gärtner und manch einer war

deshalb schon zum wohlhabenden Mann geworden. Der meiste Arbeitslohn wurde natürlich schwarz an der Steuer vorbei verdient, was die Sache noch lukrativer machte.
Endlich! Der Deutsche fuhr an die Seite und ließ Fabio vorbeifahren. Dabei schüttelte er noch missbilligend den Kopf, was Fabio jedoch nicht im Geringsten beeindruckte. An der steilsten Strecke der Straße musste er scharf abbiegen, um weiter durch ein kleines Waldstück zur Villa Mehring zu gelangen. Das Haus lag zurückgesetzt auf einem Felsvorsprung, das einen fantastischen Blick auf den See freigab.
Eine Schande, dass dieses tolle Anwesen immer leer steht, dachte er.
Aber gut für ihn und seine Freundin. Er lächelte in sich hinein und freute sich schon auf das nächste Wochenende, wenn Franca wieder freihatte. Dann wollte er sich – wie so oft – in der Villa mit ihr einquartieren und das luxuriöse Haus genießen. Unter der Woche wagte er es nicht, sich mit ihr im Haus zu vergnügen. Da war die Gefahr zu groß, dass sein Vater die Villa aufsuchte, was einer Katastrophe gleichkam. Sein Vater neigte sowieso zu Wutanfällen, die sich schon bei den geringsten Kleinigkeiten entluden und auch schon mal in Handgreiflichkeiten endeten.
Vorsichtig öffnete er das Garagentor der Villa und ging in die enge angrenzende Kammer, die zwei große Einbauschränke beherbergte. Beide waren mit einem großen Vorhängeschloss verschlossen. Sein Vater war der Meinung, dass beide Schränke von

Herrn Mehring verschlossen worden waren. Aber Fabio wusste es besser. Einen der beiden Schränke, der vorher fast völlig leer war, benutzte er als sein persönliches Warenlager. Er hatte dazu sein eigenes Schloss angebracht, für das nur er einen Schlüssel besaß. Hier verbarg er seine Beute aus zahlreichen Streifzügen durch einige Ferienhäuser hier am Hang, die doch die meiste Zeit im Jahr leer standen. Wenn er sah, dass die Bewohner nicht anwesend waren, brach er bei Dämmerung in die zumeist liebevoll eingerichteten Häuser ein. Er nahm mit, was nicht niet- und nagelfest war und von dem er annahm, auch einen guten Preis zu erzielen; er hatte viele elektronische Geräte hier im Schank verstaut. Die Palette reichte von teuren Telefonanlagen, TV- und Faxgeräten, ja sogar neuere Computern bis zu angesagten Küchengeräten wie einen Smoothiemixer der Extraklasse. In Intra hatte er einen Hehler gefunden, der ihm die Sachen, natürlich zu Spottpreisen, abnahm. Wenn dann der Hauseigentümer bei seinem Vater seinen Besuch anmeldete, war der Schrank wieder leer, das Schloss abgemacht und keinem fiel etwas auf. Zügig verlud er seine gestrige Beute in den fast vollen Schrank und verschloss ihn wieder. Es wird Zeit, dass ich die Sachen wieder nach Intra bringe, überlegte er. Nun musste er sich beeilen, damit sein Vater nicht merkte, dass er sich das kleine Dreirad ausgeliehen hatte. Aber nicht mehr lange, dachte er erfreut, dann habe ich genug Geld beisammen, um mir ein eigenes Auto zu kaufen.

Einkaufszentrum

Ewa war im Kaufrausch. Sie durchstöberte mit Milena sämtliche Kaufhäuser und Boutiquen des Einkaufszentrums vor den Toren Frankfurts. Kein Geschäft wurde ausgelassen. Sie hatte ihre Männer, wie sie sie nannte, auf einen Ausflug geschickt, den Otto organisiert hatte. Sie wollten zur Saalburg, gelegen nordwestlich von Bad Homburg auf einer Taunushöhe zwanzig Kilometer von Frankfurt entfernt. Alle hatten das Kastell am römischen Limes seit Jahren nicht mehr besucht und wollten schauen, was sich in der langen Zeit alles verändert hatte. Otto studierte vorher genau die Öffnungszeiten und machte sich sogar die Mühe, ein kleines Kurzporträt dieser originalgetreu wieder errichteten Wehrmauern und Gebäude auszudrucken. Als Moderator war er in seinem Element und die anderen waren froh, sich nicht selbst um derlei Dinge kümmern zu müssen.

In einem beliebten italienischen Restaurant machten Ewa und Milena, voll beladen mit Einkaufstüten, eine Pause. Bei einem üppigen Eis mit einem Espresso.

»Wie läuft es denn so bei dir?«

Milena schaute Ewa abwartend an. Dass es nicht schlecht lief, konnte sie bereits an den vielen Einkäufen ablesen, die Ewa fast alle mit Karls EC-Karte beglichen hatte.

»Prima!« Ewa strahlte wie ein Honigkuchen. »Mir ging es noch nie so gut wie heute!«

Und dann fing sie an zu erzählen. Erzählte von Karls Vorschlag mit dem Erbe, von Hans, Peter und Otto

und natürlich von der bevorstehenden Reise nach Italien. Milena staunte nicht schlecht und war beeindruckt. »Da habe ich dir ja mit meiner Vermittlung zum Glück verholfen,« sagte sie und Ewa meinte, Neid herauszuhören.
»Ja, hast du. Deshalb darfst du dir heute auch was Schönes aussuchen. Egal was, ich bezahle jeden Preis!«
»Mit Karls EC-Karte, was? ... Hat er dir das denn erlaubt?«
»Ja, ich habe jede Freiheit. Schließlich erbe ich ja mal alles. So haben wir das vereinbart. Da kann ich auch von seinem Konto abheben. Ist doch egal, ich bekomme doch eh mal alles. Und außerdem kriegt er das schon nicht mehr so richtig mit. Ich glaube, bei ihm beginnt schon eine Demenz. Inkontinent ist er auch schon. Neulich habe ich sein Gebiss im Kühlschrank in einem Glas Milch gefunden. Ich wollte gerade davon trinken! Stell dir das mal vor!«
Sie schüttelten sich beide vor Lachen.
»Seinen Schlüssel habe ich ihm auch schon abgenommen, weil er ihn nicht mehr wiederfindet. Neulich hat er sich mit dem Fernsehansager unterhalten. Es gibt viele Dinge, die mittlerweile merkwürdig sind. Hoffentlich geht das nicht in diesem Tempo so weiter. Davor würde mir grauen.«
Als sie dann wieder von der Reise nach Italien anfing und ihre Freude darüber nicht verbergen konnte, fiel ihr doch auf, dass Milena ein recht bedrücktes Gesicht machte.

»Weißt du was? Ich habe da eine spontane Idee. Wie wär's denn, wenn ihr euch eine Wohnung bei uns im Haus sucht. Hier wird immer wieder mal etwas frei. Dann könnten wir uns manchmal abwechseln. Ihr verdient euch was dazu und ich könnte ab und zu mal freimachen.«

»Mhm ... klingt nicht schlecht. Darüber muss ich mit Martin sprechen, was er dazu meint. Der ist im Moment sowieso frustriert über den ganzen Ablauf und Stress im Krankenhaus. Martin und ich müssen uns ganz schön abstrampeln für das bisschen Geld, das wir im Krankenhaus verdienen. Viel bleibt da im Monat nicht übrig.«

»Ich höre mich mal ein bisschen um im Haus. Wer weiß, vielleicht wird schon bald was frei. Hast du noch Zeit? Wenn ja, nehme ich dich mal mit zu mir? Da kannst du gleich die tolle Wohnung von Hans besichtigen, die sind ja alle heute unterwegs!«

Vergnügt setzten sie ihren Bummel fort. Milena suchte sich noch Freizeitkleidung aus, die Ewa mit Karls EC-Karte bezahlte, bevor sie gemeinsam nach Bad Soden zurückfuhren.

Wie nicht anders zu erwarten, war Milena sehr beeindruckt von Mehrings moderner Penthousewohnung. So etwas Schickes hatte sie auch noch nie so hautnah gesehen. Als ihr Ewa auch noch alle anderen Wohnungen zeigte, verließ Milena sie mit der Vorfreude darauf, in dieses Haus vielleicht auch einmal einziehen zu können.

Vor dem Sommerfest

Aufgekratzt und mit lautem Hallo kamen die Männer von ihrem Ausflug zurück in Peters Wohnung, wo Ewa schon mit den Essensvorbereitungen beschäftigt war. Otto fasste Ewa um die Hüften und erzählte ihr mit leuchtenden Augen von einer neuen Idee, die sie zwischenzeitlich ausgebrütet hatten.

»Wir werden unten im Garten ein Grillfest fürs ganze Haus organisieren! Was hältst du davon?«

»Keine Angst Ewa«, meinte Hans. »Jeder der mitmacht, muss etwas dazu beitragen. Das Fleisch und die Getränke spendieren wir. Dafür werden wir einen Partyservice beauftragen mit Grillmeister. Die Salate, das Brot et cetera müssen die anderen beisteuern.«

Hans machte ein vergnügtes Gesicht und schaute Ewa dabei mit seinen braunen Augen so intensiv an, dass ihr ganz warm ums Herz wurde. Das überraschte sie selbst, da sie sich geschworen hatte, nie wieder Gefühle für einen Mann zuzulassen.

Er war der Zweitjüngste in der Runde und sehr anziehend, wie sie sich erneut eingestehen musste. Sie freute sich, dass er immer mehr aufblühte und nahm ihn deutlich mehr als Mann wahr als all die anderen. Wenn er auch über dreißig Jahre älter war als sie. Komischerweise empfand sie diesen Altersunterschied überhaupt nicht. Seine jungenhafte Art und sein flottes Aussehen, ließen sie immer wieder vergessen, dass er doch auch schon im Rentenalter war. Vom Alter her könnte er mein Vater sein, dachte sie, der war um einiges jünger als er.

»Peter, gib Ewa doch mal den Text, den wir erarbeitet haben«, meinte Otto strahlend.
Peter, der bisher noch keinen Ton gesagt hatte, reichte ihr wortlos einen verknitterten Zettel. Hierauf hatte er akribisch notiert, was ihm die anderen diktiert hatten.
Ewa las die Einladung an die Mitbewohner des Hauses, mit dem Hinweis darauf, dass jeder etwas mitbringen sollte.
Als sie die Unterschrift las, musste herzlich lachen. »*Klub der fröhlichen Oldies* ... ihr seid ja witzig. Na ja, ist ja eine schöne Idee. Ich bin mal gespannt, wie viele da mitmachen.«
Ewa fiel auf, dass Karl noch keinen Ton gesagt hatte. Er stand abseits und schaut unsicher von einem zum anderen. Beim näheren Hinsehen fiel ihr auf, dass seine Hose im Schritt verdächtig feucht aussah. Sie fasste ihn vorsichtig am Arm und flüsterte ihm ins Ohr.
»Karl, komm, wir gehen erst mal nach Hause. Ich mache dich etwas frisch.«
Dabei nickte sie den anderen zu, die erst jetzt bemerkten, was los war und sich deshalb alle betroffen ansahen.
Karl dackelte folgsam hinter Ewa zum Aufzug.
»Gehen wir jetzt zu Else?«, fragte er.
Ewa erschrak und wusste erst gar nicht, was sie sagen sollte. In ihrer Not antwortete sie einfühlsam: »Ja, aber die schläft doch schon. Wir gehen jetzt erst mal ins Bad und dann ziehen wir dich frisch an.«

Im Bad musste sie dann feststellen, dass Karl sich nicht nur nass gemacht hatte, sondern auch noch mehr in seiner Windelhose war. Es war entsetzlich für Ewa, denn nun kamen die Erinnerungen an ihren Vater mit aller Macht wieder hoch. Sie war kurz davor, sich zu übergeben. Auch die alte Wut war zurück, sodass sie doch grob an Karl herumzerrte und ihn kurz entschlossen in die Dusche stellte und abbrauste. Karls Unsicherheit blieb ihr nicht verborgen, sodass sie auch gleich wieder ein schlechtes Gewissen bekam und ihn, nun wesentlich freundlicher, frisch anzog.
»Ich bin so müde«, meinte Karl und Ewa sah, dass er äußerst wackelig auf den Beinen stand.
»Willst du dich lieber ins Bett legen und schlafen?«
Er nickte nur und ließ sich abgeschlagen zum Bett führen.
»Ruh dich aus Karl. Ich bring dir nachher ein wenig vom Abendessen mit. Das war heute einfach zu anstrengend für dich.«
Leise schloss sie die Schlafzimmertür und ging wieder nach oben, um das Abendessen zu servieren.

Milena und Martin

Milena ging der Nachmittag mit Ewa nicht mehr aus dem Kopf. Sie war eindeutig neidisch auf Ewa, die es so toll mit ihrem Job getroffen hatte. Und dann noch die Sache mit der Erbschaft. Was für ein Glück für sie! Auch die Möglichkeit, eventuell eine Wohnung für sie und Martin im selben Haus zu finden, fand sie toll.

Das wäre doch gelacht, wenn nicht auch Martin und sie Ähnliches wie Ewa machen könnten. Schließlich war Martin gelernter Pfleger und bestimmt noch besser einzusetzen als Ewa. Und kochen und putzen konnte sie auch bestens. Sie konnte es gar nicht abwarten, diese neuen Perspektiven mit Martin zu besprechen.

Als er zur Tür hereinkam, sprudelte es sofort aus ihr heraus; sie erzählte ihm alles. Sie vergaß auch nicht, zu erwähnen, was das für gut geschnittene Wohnungen seien, die er sich unbedingt mit ihr bei passender Gelegenheit anschauen sollte.

Bei Martin fiel ihre Begeisterung auf fruchtbaren Boden. Er war es leid, Tag für Tag diesen Kräfte zehrenden Schichtdienst in der Geriatrie durchzuziehen. Das war kein Zuckerschlecken; oft hatten Milena und er zu unterschiedlichen Zeiten Dienst, sodass sie nur wenig gemeinsam unternehmen konnten. Und das alles bei dem lächerlichen Gehalt, das keine großen Sprünge zuließ. Die kleinen Diebstähle bei seinen Patienten machte seine miese Bezahlung auch nicht wett. Hin und wieder mal einen Schein aus einem

Portemonnaie, war immer mit der Angst verbunden, entdeckt zu werden. Er wagte es auch nur bei solchen Patienten, die häufig nicht mehr genau wussten, wie viel Geld sie überhaupt hatten. So ein Glücksfall wie mit den zwanzigtausend Euro war ja leider eine Sache, die ihm wahrscheinlich nur einmal im Leben passieren würde. Alles, was er nun über Ewa und ihre alten Männer hörte, machte ihn neugierig.
So löcherte er Milena mit Fragen über die Bewohnerstruktur. Er erfuhr, dass überwiegend ältere Leute in dem Hochhaus wohnten, die meisten bereits von Anfang an. Es war davon auszugehen, dass da noch mehr Möglichkeiten für eine Senioren-Betreuung bestünden.
Nachdem er sich alles angehört und einen Moment überlegt hatte, sah er tatsächlich einen Silberstreifen am Horizont.
»Weißt du was, wir bemühen uns ernsthaft zuerst um eine Wohnung in diesem Haus. Dann werden wir es nach und nach wie Ewa machen. Wir suchen uns einige Senioren im Haus, die wir betreuen können. Zuerst wirst du das allein machen. Wenn es so richtig anläuft, stoße ich dazu. Dann melden wir ein Gewerbe an und arbeiten auf Rechnung. Ewa hat das super eingefädelt. Wir machen das ganz genauso. Und das Grillfest wird unser Einstieg sein. Sag Ewa Bescheid, dass wir gern dazukommen.«

Anke

Anke war heute besonders unruhig. Ihr immer noch hübsches Gesicht war rot unterlaufen und man sah ihr die Anstrengung an, richtig durchzuatmen. Wie so oft, hielt sie die Luft an. Ewa beschwor sie eindringlich, doch weiter zu atmen. Das waren stets ein paar Schrecksekunden, die aber immer wieder vorbeigingen. Und trotzdem regte sie sich auf, weil es immer so aussah, als wollte sie ersticken.

Ewa setzte sie im Bett auf, holte den Lifter und beförderte Anke mit großem Kraftaufwand in den Rollstuhl. Das Wetter war schön, deshalb schob sie Anke auf die Dachterrasse und stellte sie in den Schatten, um einen Sonnenbrand zu vermeiden. Da Anke meist mit offenem Mund atmete, stülpte sie ihr noch einen Mundschutz gegen Insektenflug über.

Aus dem Wohnzimmer drang leise Musik herüber, sodass auch sie Lust verspürte, sich ein paar Minuten im Liegestuhl auszustrecken.

Was für ein Traum diese Wohnung doch ist, ging es ihr wieder durch den Kopf. Die Terrasse gab den Blick bis in den Taunus hinein frei. Man konnte deutlich die Spitze des Feldbergs sehen. Und die Bepflanzung war außergewöhnlich. Es gab Pflanzen, die hatte sie im Leben noch nicht gesehen. Hans hatte ihr erklärt, dass Anke diese Gewächse aus Italien mitgebracht hatte. Im Winter verschwanden einige davon im hellen, kühlen Treppenhaus, was ja keinen weiter störte, da sie hier oben ja nur Peter als Nachbarn hatten. Und dem war es egal.

Da Hans mit den anderen Männern bei Otto den Grillabend plante, konnte sie sich ungestört einige Zeit hinwegträumen. Dass sie dabei an Hans dachte, war fast schon normal, denn ihre Zuneigung wuchs von Woche zu Woche. Er ging ihr einfach nicht aus dem Kopf. So wie er sie immer ansah, glaubte sie, auch in seinen Augen zu sehen, dass sie ihm nicht unsympathisch war. Wie konnte es sein, dass sie sich zu dem viel älteren Mann so hingezogen fühlte? Aber das lag wohl daran, dass er das genaue Gegenteil ihres Vaters war: kultiviert, belesen und mit guten Manieren. Er war für Ewa der Inbegriff dessen, was sie sich immer von einem Mann erträumt hatte. Aber diesen Gefühlen durfte sie sich nicht weiter hingeben. Schließlich war er verheiratet und der Altersunterschied war einfach zu groß. Sie musste sich selbst diese Gedanken verbieten. Und solange Anke noch am Leben war, einfach zu absurd. Aber was wäre, wenn ...?
Das Klingeln an der Wohnungstür riss sie aus ihren Tagträumen.

Gartenfest

Zum Gartenfest kamen viele Bewohner des Hauses und legten ihre kulinarischen Mitbringsel auf einen Tisch aus Bierzelttischen: ein überlanges Buffet mit vielen verschiedenen Speisen. Auch einige exotische Snacks waren dabei, die von der türkischen und griechischen Familie aus dem zweiten und vierten Stock beigesteuert wurden.

Otto hatte tatsächlich eine humorige Rede gehalten, alle begrüßt und ein schönes Fest gewünscht. Einen alten Plattenspieler hatten sie ebenfalls aufgetrieben; alte Hits erklangen, zu denen sogar vereinzelt getanzt wurde.

Frau Schneider, die von der Idee anfangs nicht begeistert war, gesellte sich wichtigtuerisch zu Otto, der nun die Getränkeausgabe organisierte.

»Herr Neuhaus, bitte achten Sie darauf und geben Frau Hoeke nur ganz wenig Alkohol. Sie hat da Probleme«, sagte sie vieldeutig und verzog dabei naserümpfend das Gesicht.

»Erst letzte Woche mussten wir die Feuerwehr verständigen, weil sie nicht aufmachte. Seit ihr Lebensgefährte tot ist, ist sie fast nur noch besoffen. Und es sieht aus bei ihr ... unfassbar!«

Dabei schnaubte sie abfällig und erzählte weiter: »Wir mussten sie erst kürzlich ins Krankenhaus fahren, weil sie ohnmächtig, natürlich voll bis Oberkante, im eigenen Dreck lag.«

Nun wartete sie auf Ottos Zustimmung. Der hatte aber beide Hände voll zu tun, sodass er nur kurz angebun-

den antwortete. »Ich weiß Bescheid Frau Schneider, ich habe es mitbekommen. Alles klar, ich pass schon auf!«
Altes Tratschweib, diese Frau Wichtig, dachte er und bediente in aller Ruhe weiter.
Ewa hatte die Salate unter Kontrolle und Karl, Hans und Peter standen mit anderen Bewohnern zusammen und unterhielten sich angeregt.
Auf dem angrenzenden Spielplatz hatten sich viele Kinder aus dem Haus eingefunden und spielten für all hörbar. Heute konnten sie mal so richtig Dampf ablassen und laut sein, ohne dass sich einer beschwerte.
Es war ein fröhliches Fest und alle freuten sich, dass man sich ein bisschen besser kennenlernen konnte.
Otto ließ sich schon bald von Peter ablösen, holte seine Gitarre hervor und sang seine alten Lieder dazu. Viele der älteren Bewohner waren entzückt. Sie kannten natürlich die alten Hits und stimmten begeistert mit ein. Es kamen sogar noch einige Nachbarn aus den umliegenden Häusern dazu und die Stimmung war ausgesprochen ausgelassen.
»Hans, kannst du mal schnell kommen«, rief Ewa plötzlich aufgeregt. »Hier liegt jemand.«
»O je, da hat wohl jemand zu tief ins Glas geschaut«, meinte Hans und hob die auf dem Boden liegende Person auf: Frau Hoeke, die völlig orientierungslos und sturzbetrunken gestürzt war.
Sie hatte eine Platzwunde am Kopf, Blut lief ihr an der Wange hinunter. Ewa und Hans schauten hilfesu-

chend zu Frau Schneider, die auch schon angelaufen kam.
»Schon wieder!«, empörte sie sich. »Da müssen wir jetzt mal einschreiten. So geht das nicht weiter. Ich rufe gleich mal die Nichte an, die hat sich das letzte Mal auch um ihre Tante gekümmert. Sie wollte sich bereits nach einem Pflegeheim in ihrer Nähe umsehen.«
Zu dritt schleppten sie Frau Hoeke zum Aufzug und fuhren mit ihr in den ersten Stock.
Ihren Hausschlüssel hatte sie glücklicherweise in ihrer Hosentasche.
Ein unbeschreiblicher Gestank empfing sie. Überall lagen leere Bier- und Schnapsflaschen auf dem Boden. Das angetrocknete Geschirr in der Küche stand wohl auch schon länger herum. Fliegen umschwirrten Essensreste, der Müll stapelte sich in allen Ecken.
»Da sehen Sie mal selbst, wie es hier aussieht! Wenn wir hier nicht bald handeln, haben wir Ungeziefer im Haus. Das geht doch nicht!«, entrüstete sich Frau Schneider erneut.
Sie legten Frau Hoeke aufs Bett, lüfteten die Zimmer durch und verließen gemeinsam die Wohnung. Den Schlüssel steckte Frau Schneider ein.
»Ich rufe gleich die Nichte an. Sie muss sich schnellstens kümmern, schließlich erbt sie ja auch mal alles!«
Ewa ging gleich durch den Kopf, dass diese Wohnung vielleicht bald frei sein könnte. Sie lief zu Milena, die mit Martin an einem Bierzelttisch saß und sich ange-

regt mit zwei älteren Damen aus dem Haus unterhielten.

Ewa winkte Milena zu sich her und erzählte ihr, was soeben geschehen war.

»Martin unterhält sich gerade mit zwei alten Damen, die auch gern Unterstützung hätten. Das wären schon mal zwei Interessentinnen, die wir vielleicht betreuen könnten und damit schon mal ein Anfang. Martin fragt sie gerade aus, wer so alles hier im Haus noch infrage käme. Aber erst müssten wir hier auch wohnen. Also bitte höre dich weiter für uns um.«

»Na klar, versprochen!«

»Wo ist denn Karl? Ich kann ihn nirgends sehen?«

Ewa lief zu den Männern, die gemeinsam an einem Tisch saßen.

»Wo ist denn Karl? Ich suche ihn schon überall?«

Keiner konnte ihn entdecken.

»Komisch! Ich schaue mal nach, ob er hochgegangen ist. Rein kann er auf jeden Fall nicht, weil ich den Schlüssel habe.«

Ewa kam nach einer Weile aufgeregt wieder zu den Männern zurück.

»Oben ist er auch nicht! Wo kann er nur sein?«

Sie befragten nach und nach alle Bewohner, ob sie Karl gesehen hätten. Aber keiner wusste etwas. Sogar Frau Schneider, der eigentlich nichts entging, hatte keine Ahnung.

Karl ist verschwunden

Nachdem alle vergeblich nach Karl gesucht hatten, informierte Hans die Polizei.

Am nächsten Morgen war Karl noch immer nicht aufgetaucht und alle machten sich große Sorgen.

»Hier steht die Suchmeldung«, meinte Otto betrübt und legte die Tageszeitung auf den Tisch.

Die Überschrift sprang allen ins Auge.

Rentner vermisst:

Seit den gestrigen Abendstunden wird der 81-jährige, leicht orientierungslose Karl B. aus Bad Soden vermisst. Zuletzt wurde er gegen ca. 19 Uhr bei einem Gartenfest gesehen.

B. ist circa 1,76 Meter groß und korpulent, hat spärliche weiße Haare, blaue Augen und führt einen Gehstock mit sich. Er ist mit einer dunkelblauen Cordhose sowie einem blau-weiß-karierten Hemd bekleidet und einem hellen Sonnenhut, teilt die Polizei mit.

Gegen 22 Uhr wurde er von einer Zeugin im Quellenpark gesehen. Eine Suchaktion der Polizei, bei der ein Hubschrauber und Hundestaffeln des ASB und der Johanniter zum Einsatz kamen, verlief ergebnislos.

Seit heute Morgen werden die Suchmaßnahmen fortgesetzt. Die Polizei sucht Zeugen und fragt: Wer hat Herrn B. gesehen? Wem ist ein älterer Herr, auf den die Beschreibung zutrifft, gestern Abend aufgefallen? Wer kann Angaben zum derzeitigen Aufenthaltsort von B. machen?

»Was sollen wir nur tun?«, fragte Ewa.
»Wir können nur abwarten. Wir haben selbst alles abgesucht und einige Hausbewohner haben auch noch mitgeholfen. Wir können nur hoffen, dass ihm nichts Schlimmes passiert ist.«
Otto fasste Ewa um die Schulter, um sie zu trösten.
»Mach dir keine Vorwürfe. Dass es Karl immer schlechter ging, haben wir alle gemerkt. Aber wer konnte denn so etwas ahnen? Also, du legst dich jetzt erst einmal hin und schläfst eine Runde. Du hast bestimmt kein Auge zugemacht.«
Er dirigierte Ewa in ihr Zimmer und kam zu den anderen zurück.
Es herrschte eine bedrückte Stimmung im Bauerschen Wohnzimmer. Alle hingen ihren Gedanken nach, bis Otto aussprach aus, was alle dachten.
»Wie heißt es doch so schön ›Das Alter ist nichts für Feiglinge‹. Wir werden alle nicht jünger und wer weiß, was noch alles auf uns zukommt. Ich bin der Älteste hier. Wie es mal mit mir weitergehen wird, weiß ich auch noch nicht. Man kann froh sein, wenn man noch alle fünf Sinne beisammenhat!«
»Ich mache uns mal einen Kaffee oder wollt ihr lieber einen Schnaps?«, fragte Hans.
»Schnaps ist passender!«, war Ottos Antwort. Er holte gleich ein paar Gläser aus der Vitrine und Hans goss alle randvoll ein.
»Auf Karl! Dass er gesund und munter wiederkommt!«, rief Otto und stieß mit den anderen an.

Es blieb nicht bei dem einen Glas. Man trank sich etwas Mut zu und wartete auf eine Nachricht der Polizei.
Ewa fand die drei Senioren völlig betrunken und laut schnarchend im Wohnzimmer vor, als sie nach Stunden etwas erholt aus ihrem Zimmer kam. Hans lag ausgestreckt auf dem Sofa, Otto zurückgelehnt im Sessel und Peter hing mehr, als dass er saß in seinem Rollstuhl. Sie boten, trotz des traurigen Anlasses, ein lustiges Bild, sodass Ewa unwillkürlich grinsen musste.
Von der Polizei hörten sie die Schreckensnachricht erst am anderen Morgen, und kurz darauf stand in der Zeitung.
Rentner tot aufgefunden!
Was insgeheim befürchtet wurde, ist nun traurige Gewissheit. Der seit zwei Tagen vermisste 81-jährige Karl B. ist tot. Spaziergänger fanden seine Leiche auf einem abgelegenen Waldweg zwischen Neuenhain und Königstein. Er war offensichtlich auf nassem Laub ausgerutscht und mit dem Kopf auf einem Felsbrocken aufgeschlagen, wie uns die Polizei bestätigte. Ein Fremdverschulden wird ausgeschlossen.
Der orientierungslose Senior war vor zwei Tagen von einem Gartenfest verschwunden. Schon zwei Stunden später begann eine über zwei Tage andauernde Suchaktion, an der die Bereitschaftspolizei, Hubschrauber und mehrere Rettungshunde beteiligt waren. Dabei wurden auch die Waldbereiche rund um Bad Soden durchkämmt. Die Stelle, an der der 81-Jährige nun

tot aufgefunden wurde, lag außerhalb des Suchradius. Der Schock für alle Beteiligten, auch für die Hausbewohner, war groß.
Zur Beerdigung kamen viele Mitbewohner, Herr Bauer war bei den meisten durch seine freundliche, zuvorkommende Art beliebt.
»Na, was wird denn nun mit der Wohnung? Das ist ja schon die zweite, die innerhalb kurzer Zeit leer stehen wird!«
Frau Schneider stellte Ewa diese Frage mit spitzen Lippen und einer gewissen Genugtuung, wohl in der Annahme, dass Ewa die Wohnung nun räumen müsse.
»Wieso die zweite?« Ewa fragte bewusst beiläufig, da sie hier eine Chance für Milena sah.
»Wissen Sie nicht, dass Frau Hoeke ins Pflegeheim kam? Die Wohnung gehört jetzt der Nichte. Die wird sie wohl vermieten. Aber erst muss der Saustall mal renoviert werden!«
»Könnten Sie mir die Telefonnummer der Nichte geben?«, fragte Ewa die erstaunt schauende Frau Schneider.
»Ja, haben Sie denn Interesse, die Wohnung zu mieten?«
»Nein, aber meine Freundin sucht eine Wohnung. Sie haben sie bestimmt auf dem Gartenfest kennengelernt. Milena heißt sie und ihr Freund Martin würden hier gern einziehen. Sie arbeiten beide hier im Kreiskrankenhaus.«
»Und Sie, wo wollen Sie hinziehen?«

»Ich? Ich bleibe in der Wohnung. Sie gehört mir nämlich!«
Das saß! Ewa sagte das mit großem Vergnügen und ließ Frau Schneider, die ihren Mund nicht mehr zubekam, erst einmal stehen.
Das muss erst mal sacken!, grinste sie innerlich und fuhr mit dem Aufzug nach oben.

Italien

Nachdem Ewa die meisten Dokumente beim Amtsgericht wegen der Erbschaftsangelegenheit eingereicht hatte, konnte sie sich den Reisevorbereitungen widmen. Alle hatten beschlossen, so schnell wie möglich die Reise nach Italien anzutreten.

»Wer weiß, wie es uns bald ergeht. Lasst uns schnellstmöglich fahren«, meinte Otto vielsagend und dachte wohl in erster Linie an Karls plötzlichen Tod, der sie alle doch sehr geschockt hatte.

Otto hatte einen Kleinbus gemietet und Anke wurde für drei Wochen in einer Pflegeeinrichtung untergebracht. Glücklicherweise hatten Milena und Martin die Hoeke-Wohnung von der Nichte anmieten können. Sie waren bereits mit Eifer dabei, ihre neue Wohnung zu entrümpeln und zu renovieren. Vorhanden waren teure Einbauschränke und eine schöne Küche, alles war zwar reichlich verdreckt, aber durchaus wieder herstellbar.

Da Milena nun im selben Haus wohnte, hatte Ewa sie angeheuert. Sie sollte alle Zimmerpflanzen und Terrassenkübel in der Zeit der Abwesenheit versorgen. Dafür zahlten ihr Hans und Peter eine Pauschale. Otto hatte zum Glück keine einzige Zimmerpflanze. Außerdem sollte sie die Post aus den Briefkästen nehmen. Dass Milena und Martin die Penthouse-Terrassen in dieser Zeit nutzten, wusste sie natürlich nicht.

Alle waren aufgeregt. Speziell Peter war es mulmig zumute, wenn er an seine Unterbringung im Ferienhaus dachte. Man hatte ihm zwar ein eigenes Bad zugewiesen, aber ob er es überhaupt betreten konnte, war noch unklar. Es hätte sein können, dass es für den Rollstuhl zu schmal war. Das würde sich aber erst vor Ort herausstellen. Die Pflege seiner Person war ihm nun mal immens wichtig. Immer korrekt, immer gut frisiert und gepflegt, das war für ihn unverzichtbar.

»Alle Mann an Bord?«, rief Hans vergnügt in den Fond des Kleinbusses.

»Aye aye Sir!«, erklang es von hinten von Otto, der dabei auch noch die Hand zum militärischen Gruß anlegte.

Hans war der Fahrer und Peter saß neben ihm, damit er bequem sitzen konnte. Das Fahrzeug war voll beladen mit Koffern, Rollstuhl, Toilettenstuhl und vielen Strandutensilien wie Matten und Strandliegen. Die Liegen hatte Ewa extra noch besorgt, da sie mittlerweile wusste, dass es sich am See nicht um einen Sandstrand, sondern überwiegend um einem Steinchenstrand handelte.

Die Fahrt war mühsam. Es herrschte viel Verkehr auf der Autobahn nach Süden und sie hatten einen längeren Stau vor dem Gotthard-Tunnel. Aber die Laune war gut und Ewa bewunderte die Bergwelt der Alpen mit den vielen Wasserfällen und kleinen Bergbauernhöfen.

Vor Luzern hatten sie einen Zwischenstopp bei Marché eingelegt, um eine Kleinigkeit zu essen. Außerdem musste sich hier Peter seine Dosis Insulin spritzen.

Es dämmerte, als sie endlich ihr Ziel erreicht hatten. Schon die Zufahrtsstraße hoch nach Viggiona begeisterte die Reisenden. Der See lag malerisch unter ihnen und die ersten Lichter der umliegenden Häuser spiegelten sich auf dem See. Sie hatten alle Fenster geöffnet und die warme Sommerluft erfüllte den Bus. Hans war sichtlich stolz und erklärte ihnen die Umgebung. Er freute sich himmlisch, endlich wieder einmal hier zu sein und ihnen alles zeigen zu können. Seinen Gärtner Luciano hatte er vor lauter Hektik vergessen anzurufen. Aber was soll's, sie waren da, das würde er ja morgen feststellen können. Oder ich rufe ihn heute Abend noch an?
Hans parkte das Fahrzeug dicht an der Haustür, damit sie direkten Zugang zum Haus hatten und Peter besser in seinen Rollstuhl gesetzt werden konnte.
»Ich schließe schon mal auf!«
Ewa und Otto luden das Gepäck aus dem Wagen und stellten es vor die Haustür, als ihnen vom Inneren des Hauses plötzlich laute Schreie entgegenkamen.
»Wer sind Sie denn? Was machen Sie hier in meinem Haus?«, vernahmen sie die aufgeregte Stimme von Hans.
Otto ließ einen Koffer fallen, den er gerade in der Hand hatte und rannte ins Haus. Die Stimme kam aus einem der hinteren Zimmer.
»Hans, was ist los? Ich komme!«, rief nun auch Otto beunruhigt und stürmte ins Zimmer.
Vor ihm stand der empörte Hans und schaute in das vor ihm stehende Bett. Darin lagen zwei völlig nackte

Personen mit unübersehbaren Absichten, beide waren offensichtlich der deutschen Sprache nicht mächtig. Fabio bedeckte schnell seinen erigierten Penis mit bloßen Händen und Franca war bemüht, sich mit dem Betttuch abzudecken, was ihr aber nur zum Teil gelang.
»Aber hallo, was ist denn hier los«, fragte Otto und musste unwillkürlich grinsen.
»Wer sind Sie und was machen Sie hier?«, fragte Hans, nun ruhiger geworden, erneut.
»Il mio nome è Fabio e io sono il figlio di Luciano. Ick Fabio, filio di Luciano«, stammelte er auf Deutsch-Italienisch.
»Ziehen Sie sich an!«, schimpfte Hans dem Paar zu und verließ mit Otto den Raum, ließ aber die Tür offenstehen.
»Unerhört! Das ist der Sohn von meinem Gärtner. Den rufe ich gleich an. Räumt ihr weiter aus und stellt die Koffer erst mal in den Flur.« Hans war sichtbar angefressen und griff bereits zum Handy.
»Da liegt ein Pärchen im Bett!«
Otto kam lachend aus dem Haus und erzählte den anderen, was sie eben vorgefunden hatten.
»Das gibt's doch nicht! Die müssen doch einen Schlüssel zum Haus haben«, meinte Peter kopfschüttelnd und rollte bereits Richtung Haustür.
»Das ist ja ein super Empfang für Hans«, meinte auch Ewa grinsend und trug, gemeinsam mit Otto, die Koffer und weiteren Utensilien ins Haus.
»Wow, ist das schön hier!«

Sie staunten nicht schlecht über die geschmackvolle Einrichtung und den fantastischen Fernblick über den See.
»Wie im Film! Sieh nur, ein Swimmingpool ist auch da! Und der Garten erst, ein Traum!«
Ewa konnte sich überhaupt nicht mehr beruhigen, so sehr begeisterte sie die Umgebung und das Haus.
Auch Otto war überwältigt und sah sich mit leuchtenden Augen um.
Peter stand vor der Terrassentür. Er kam mit seinem Rollstuhl nicht über die Schwelle.
Otto eilte ihm zu Hilfe und schob ihn mit Schwung auf die Terrasse.
Peter atmete erleichtert auf und brachte beim Anblick der Umgebung nur ein »Wundervoll« heraus. Man sah auch ihm die Freude an, die diese schöne Landschaft in ihm auslöste.
Sie hörten Hans mit den beiden Eindringlingen Deutsch-Italienisch palavern; schon es klingelte es an der Haustür.
Nun beobachteten Ewa, Peter und Otto amüsiert mit gebührendem Abstand das Schauspiel, das sich ihnen bot.
Ein wütender Luciano schnappte seinen wieder angezogenen Sohn am Ärmel und zog ihn aus dem Haus.
Franca trottete mit gesenktem Haupt hinterher.
Eine heftige Schimpftirade ergoss sich über die beiden und Luciano zerrte sie zu seinem Dreirad und verfrachtete sie unsanft eng aneinandergepresst auf einen der Vordersitze.

Dann kam er zu Hans zurück und entschuldigte sich gestenreich tausendfach für seinen ungeratenen Sohn. Es fehlte nur noch, dass er Hans die Hand küsste. Hans forderte genervt seine Hausschlüssel zurück und verabschiedete sich reichlich angesäuert von seinem Gärtner.
»Wir reden ein anderes Mal«, meinte er noch zum Abschied und schloss hinter Luciano die Tür.
Hans machte immer noch ein ärgerliches Gesicht. Aber als er in die grinsenden Gesichter der anderen sah, konnte auch er sich nicht mehr zurückhalten. Alle hielten sich den Bauch vor Lachen.
»Seht euch das mal an. Den Swimmingpool haben sie auch noch benutzt. Sonst wäre der nicht aufgedeckt! Unglaublich!«
Er ging auf Peter zu und schob ihn mit seinem Rollstuhl zurück ins Wohnzimmer.
»So, jetzt zeige ich euch erst einmal das ganze Haus, bevor wir in den Garten gehen. Ihr wollt doch bestimmt auch sehen, wo ihr schlafen werdet.«
Sie durchschritten Raum für Raum und Hans verteilte die Zimmer. Da sie ja nur noch zu viert waren, bekam jeder ein eigenes Zimmer. Allerdings musste Peter feststellen, dass er mit seinem Rollstuhl in keines der Bäder passte. Nur der Duschstuhl passte zum Glück gerade so durch die WC-Tür, sodass sich Peter von seinem anfänglichen Schreck schnell wieder erholen konnte. Denn ohne diesen kleineren Stuhl hätte er ja nicht auf die Toilette gekonnt, was für ihn eine große Katastrophe gewesen wäre.

Nachdem alle Koffer verteilt waren, ging es zur Besichtigung raus in den Garten.
Ewa kam aus dem Staunen nicht mehr heraus. So einen Garten hatte sie in ihrem ganzen Leben noch nicht gesehen. Rosen in allen Farbtönen, Hortensien in leuchtendem Blau, Mittagsblumen, Bougainvilleen, die an den Steinmauern herunterhingen, Zitrusgewächse und riesige Feigenbäume, die übervoll mit noch unreifen Früchten waren. Und Hans konnte ihr zu jeder Pflanze etwas sagen. Sie war sehr beeindruckt.
Der Gärtner hatte gute Arbeit geleistet. Das ganze Anwesen war überaus gepflegt und ein wahrer Traum.
»Den Gärtner solltest du aber behalten, der ist gut!«, meinte Otto und öffnete eine Flasche Prosecco, die ihm Hans in die Hand gedrückt hatte.
»Jetzt stoßen wir erst einmal auf unseren Urlaub an. Also ihr Lieben, ich heiße euch herzlich willkommen und hoffe, wir haben eine schöne Zeit!«
»Du solltest das Auto noch in die Garage fahren. Es ist sehr eng hier auf der Straße. Ist bestimmt besser.«
»Du hast recht, Ewa. Mach ich gleich.«
Hans fuhr rückwärts in die große Garage und schaute sich noch im Raum um. Dabei fiel ihm auf, dass der eine der beiden Schränke nicht richtig geschlossen war und ein Vorhängeschloss offen daran baumelte. Er öffnete ihn und traute kaum seinen Augen, was er dort sah. Mit diversen Elektrogeräten, eine Dose mit Schmuck, Bildern und weiteren Kleinigkeiten war der Schrank vollgestopft. Auch Handys waren dabei.

Was hatte das denn zu bedeuten? Er nahm ein Handy nach dem anderen heraus und wollte sehen, ob es noch funktionstüchtig ist. Erst bei einem älteren Handy klappte es, dass er eine gespeicherte Nummer anwählen konnte.

Es meldete sich eine ältere Dame. Nachdem er erklären konnte, warum er anrief, erfuhr er, dass bei ihrer Freundin, die in Cannero ein Ferienhaus besitzt, eingebrochen wurde.

Nun läuteten alle Alarmglocken bei ihm. Es war klar, dass es sich hier um Diebesgut handeln musste. Das konnte ja nur vom Gärtnerjungen stammen.

Na warte Bürschchen, dir werde ich die Suppe versalzen. Gleich morgen früh lasse ich die Polizei kommen. Die sollen sich das alles mal ansehen.

Er verriegelte alles und erzählte den anderen, was er entdeckt hatte.

Das erste Frühstück

Ewa hatte kein Auge zugemacht in dieser Nacht. Die neuen Eindrücke waren einfach zu heftig. Sie war zu aufgewühlt und bedauerte sich selbst dafür, was sie alles bisher im Leben versäumt hatte. Ihr halbes Dasein war schon vorbei und immer befand sie sich nur auf der Schattenseite des Lebens. Das musste sie ab sofort ändern. Die ersten Schritte in ein besseres Leben hatte sie bereits getan. Ihr gehörte von nun an eine Eigentumswohnung. Sie hatte auch Geld angespart und wenn sie sich weiter um die Männer kümmerte, wer weiß, vielleicht konnte sie noch mehr Wohlstand erreichen. In Gedanken schwirrten ihr ungewöhnliche Ideen durch den Kopf.
Dieses Traumhaus mit dem tollen Panorama, dem herrlichen Garten und dem ganzen Luxus begeisterte sie geradezu. Sie konnte einfach nicht abschalten und fand keinen Schlaf. Hier für immer zu leben, ja, das wäre ein Ziel, für das es sich zu leben lohnt, dachte sie. Warum soll ich nicht den anderen auch so einen Deal wie mit Karl vorschlagen? Vielleicht jedem extra und vertraulich, sodass es der eine vom anderen nicht weiß. Sie ließ den wunderschönen Abend noch einmal Revue passieren.
Den Abend verbrachten sie in einem schicken Restaurant direkt unten am See. Sie hatten Glück. Ein schwarz gekleideter Kellner wies ihnen einen Tisch direkt an der Mauer zum See zu.
Dann wurden sie von hinten und vorn bedient. Ewa kam sich wie eine Prinzessin vor. Zuerst ein Aperitif,

dann Vor- und Hauptspeise, ein leckeres Dessert und zum Schluss noch einen Espresso. Dazu natürlich ein köstlicher Wein, der Kellner schenkte ständig nach. Ewa fand alles überwältigend und Hans war der überlegene Gastgeber, was ihr auch wahnsinnig imponierte. Ja, so muss ein schönes Leben aussehen. So müsste es weitergehen. Es war bereits halb fünf, bis sie endlich eingeschlafen war.
Am anderen Morgen wurde sie durch ein Klopfen an ihrer Tür wach.
»Aufstehen, du Schlafmützchen!«
Sie erkannte Ottos Stimme und hörte außerdem laute Opernmusik. Ein Blick auf ihren Wecker verriet ihr, dass es schon nach zehn Uhr war.
»O mein Gott, schon so spät. Die wollen sicher alle frühstücken.«
Schnell duschte sie sich in dem tollen Bad, das sie ganz für sich allein hatte. Sorgfältig geschminkt und voller Tatendrang kam ihr schon gleich darauf köstlicher Kaffeeduft entgegen. Sie fand alle auf der großen Terrasse vor. Zu ihrer Überraschung war der Tisch bereits gedeckt. Es fehlt an nichts. Panini, Salami, Schinken, Eier, Käse und Marmelade – für jeden Geschmack war etwas dabei.
»Wo habt ihr das denn hergezaubert?«, fragte sie in die Runde.
Otto grinste sie schelmisch an. »Hat alles Hans eingekauft. Oben im Ort gibt es wohl einen kleinen Supermarkt, der soll alles haben.«

Hans rief ihr aus der Küche zu: »Was willst du trinken? Kaffee oder Tee?«
»Kaffee!«
Sie hörte das laute Geräusch eines Kaffeeautomaten und schon kam Hans mit einem Tablett in der Hand, auf dem außer Kaffee auch noch vier volle Sektgläser standen, aus der Küche und strahlte sie an.
»Na, gut geschlafen?«
»Ehrlich gesagt, ich war zu aufgeregt und bin erst nach Stunden eingeschlafen.«
Hans verteilte die Gläser und prostete allen mit leuchtenden Augen zu.
»Na, habe ich euch zu viel versprochen. Hier lässt es sich leben, was? Salute!«
Im Hintergrund sang Pavarotti ›Nessun Dorma‹ und die Welt war für alle in bester Ordnung.
Mit großem Appetit frühstückten sie und selbst Peter hatte ein Leuchten in den Augen. So entspannt und glücklich hatten sie ihn noch nie gesehen. Sicher hatte die Arie mit Pavarotti zu seiner positiven Stimmung beigetragen, schließlich war er ein großer Opernfan.
»Die Polizei war schon ganz früh da und hatte alles aufgenommen und den ganzen Inhalt des Schranks mitgenommen. Sie werden wohl Fabio einen Besuch abstatten. Wenn ich alles richtig verstanden habe, häuften sich in letzter Zeit die kleinen Einbrüche hier am Hang. Vermutlich wird da einiges auf sein Konto gehen. Mit seinem Vater werde ich mich später unterhalten. Heute zeige ich euch erst einmal ein wenig die Umgebung. Wir fahren runter zum See, dann Rich-

tung Stresa. Das müsst ihr euch unbedingt mal anschauen. Und morgen fahren wir mal rüber in die Schweiz. Dort kaufen wir dann das Walliser Nüsslibrot und Blatttee. So was gibt es hier nämlich nicht.«

»Ich muss euch was sagen. Ich komme nicht in die Dusche! Ich kann den Duschstuhl nur unter das Waschbecken schieben. Aber die ganze Zeit ohne zu duschen, das gefällt mir gar nicht«, sagte Peter in die Runde.

»Da habe ich eine viel bessere Idee«, grinste Hans. »Wir haben doch draußen am Swimmingpool eine Gartendusche. Da schieben wir dich drunter und duschen dich ab!«

»Keine Angst, ich kann das machen, wenn dir das vor Ewa peinlich ist!«, sagte Otto und zwinkerte Ewa verschwörerisch zu.

Man sah Peter an, dass ihm das tatsächlich peinlich war. Aber er konnte doch nicht zugeben, dass er so verklemmt war, also zwang er sich zu einem verkrampften Lächeln. Das sah so komisch aus, dass Ewa ein herzhaftes Lachen nicht mehr zurückhalten konnte.

»Ich habe schon mehr nackte Männer gesehen, als mir lieb ist. Auch Karl habe ich schon mehrfach geduscht«, meinte sie lachend. »Ich kann das auch gern übernehmen, wenn du willst.«

»Nein, nein!«, wehrte Peter ab. »Wenn überhaupt, dann kann das Otto machen«, sagte er fast flehend in Ottos Richtung.

»Klaro, wird gemacht!«

»Wollen wir gleich mal testen, wie es geht?«
»Nein, lass nur, das machen wir am besten abends, bevor wir zum Essen gehen.«
Peter sagte das so entschieden, dass keine weiteren Einwände folgten und ihm alle zunickten.
Insgeheim verfluchte er seine Krankheit, die ihn in solch peinliche Situation gebracht hatte. Es war schrecklich für ihn, nun fast schon völlig auf fremde Hilfe angewiesen zu sein. Er hatte Angst vor dem Tag, wenn gar nichts mehr klappen würde. Viele Therapien und Medikamente bestimmten seinen Alltag und hielten dennoch die Krankheit nicht auf. Anfangs, als er nur hin und wieder einen akuten Schub hatte, konnte ihm ein hochdosiertes Kortisonpräparat kurzzeitig helfen. Es ging ihm dann meistens rasch wieder besser. Aber schon bald zeigte die Kortisontherapie keine Wirkung mehr. Es wurde sogar eine Blutwäsche veranlasst, die, verursachte bei ihm jedoch eine schwere Herz-Kreislauf-Komplikation, die mit einem sich anschließenden Krankenhausaufenthalt verbunden war. Alles hatte ihm letztendlich nicht geholfen. Tabletten, Tabletten, Tabletten ... Er war es so leid! Seine Lebensqualität schwand immer mehr. Schwäche, Müdigkeit, Schmerzen begleiteten ihn nun schon so viele Jahre. Jedes Krankheitssymptom wurde wieder mit einem anderen Medikament behandelt. Selbst gegen Depressionen, die ihn auch von Zeit zu Zeit heimsuchten, musste er ein Mittel einnehmen.
Für ihn stand mittlerweile ganz klar fest: Wenn es noch schlimmer wird, werde ich meinem Leben ein

Ende bereiten. Er bemerkte bereits die ersten Anzeichen einer Verschlimmerung. Seine Spastik nahm zu. Manchmal hatte er Blasenfunktionsstörungen sowie Schluckbeschwerden. Die regelmäßigen Sitzungen mit der Logopädin und dem Physiotherapeuten brachten auch keinen Erfolg mehr und kosteten ihn nur ein Vermögen.
Wenn meine körperlichen Beeinträchtigungen weiter fortschreiten, dann ist Schluss! Das stand für ihn schon seit Längerem fest. Er wusste nur noch nicht genau, wann und wie.

Wieder zu Hause

Alle waren sich einig: Die Reise an den Lago Maggiore war ein Traum und für alle außer für Hans, der das ja alles schon kannte, ein einmaliges Erlebnis. Ewa wäre am liebsten geblieben. Sie hatten so viel Spaß miteinander. Vor allen Dingen, wenn Peter im Duschstuhl von Otto eingeseift und anschließend abgeduscht wurde, benahmen sich alle ausgelassen wie die kleinen Kinder. Jeder von ihnen rannte dann mal ganz schnell an Peter vorbei und wurde von Otto nass gespritzt. Dann musste doch tatsächlich auch Peter lachen. So gelöst und gut gelaunt hatte sie ihn selten zuvor erlebt. Besonders beim Frühstück mit dem Gesang einer Arie im Hintergrund sah man ihm an, wie sehr er aufblühte.
Der Wettergott meinte es gut mit ihnen. Es gab nur dreimal nachts ein bisschen Regen. Das köstliche italienische Essen mit dem frischen Hauswein schmeckte allen ausgezeichnet, sodass Ewa sich schon viele Gerichte notierte, die sie unbedingt zu Hause nachkochen wollte.
Recht sportlich waren sie auch. Tägliches Schwimmen und spazieren gehen, gehörte zum Tag. Eine Schifffahrt zu den fünf Borromäischen Inseln im italienischen Teil des Lago Maggiore hatten sie auch gemacht. Das war für Peter zwar etwas beschwerlich. Aber Otto und Hans schafften es, ihn samt Rollstuhl auf das Schiff zu hieven.
Hans hatte eine Menge Fotos gemacht, die er nun auf seinen PC lud und bearbeitete. Diebisch freute er sich

auf das Gesicht von Peter, wenn er die heimlich geschossenen Schnappschüsse seiner Duschaktion zeigte. Er wollte heute Abend den anderen noch alle Aufnahmen auf seinem großen Bildschirm vorführen. Dazu plante er einen italienischen Abend mit viel Wein, Käse und Parmaschinken. Das hatte er bereits alles schon eingekauft.
Ewa wusste Bescheid, dass sie ihm bei der Dekoration helfen sollte. Sie wollten die anderen damit überraschen.
Anke war noch im Pflegeheim und sollte erst nach dem Wochenende wieder abgeholt werden. Hans genoss es, dass Anke noch nicht wieder zuhause war, und freute sich auf Ewa, die ihm immer mehr im Kopf herumschwirrte.
Er dachte zurück an den Abend in Viggiona. Sie waren allein auf der Terrasse. Die beiden anderen waren schon zu Bett gegangen und sie saßen noch lange bei einem Glas Wein zusammen. Es war eine warme, malerische Nacht und sie schauten gemeinsam auf den glitzernden See, in dem sich geheimnisvoll der Mond spiegelte.
Sie hatten einige Kerzen auf den Tisch gestellt und Ewa sah in ihrem Schein ganz bezaubernd aus. Er griff nach ihrer Hand, die sie ihm nicht entzog und spürte in diesem Moment eine enge Verbundenheit mit ihr.
»Es ist so wunderschön hier. Wie im Film!«
Ewa drückte ganz fest seine Hand, worauf er sie zum Mund führte und küsste.

»Hast du jemals den Film ›Über den Dächern von Nizza‹ mit Cary Grant und Grace Kelly gesehen?«, fragte sie.

»O ja, das ist aber schon sehr lange her!«

»Na ja, in Polen haben sie ihn wohl erst später gezeigt. Ich habe ihn als Jugendliche gesehen. Im Film war auch so ein Traumpanorama wie hier. Es war zwar Südfrankreich und das Mittelmeer, aber hier ist es genauso schön!«

»Da stimme ich dir zu, ich liebe diesen Ort auch.«

Es war ein wunderschöner, romantischer Abend. Hans erinnerte sich, dass er Ewa vor dem Schlafengehen in den Arm genommen und ihr zart einen Gutenachtkuss auf den Mund gedrückt hatte. Er war selbst danach etwas verwirrt. Was hatte ihn nur geritten, so etwas zu tun? Das kann nur am Zauber des Abends liegen oder habe ich mich etwa in Ewa verliebt? Aber durfte das denn sein? Schließlich war er bereits zweiundsiebzig und damit fast doppelt so alt wie sie. Und dann war da ja auch noch Anke, die er aber gefühlsmäßig überhaupt nicht mehr wahrnahm. Sie war für ihn eigentlich bereits nach ihrem Suizidversuch gestorben. Wie lange war es her, dass er eine Frau überhaupt berührt hatte? Seit Ankes Selbstmordversuch hatte er keinen Sex mehr gehabt und er wusste auch nicht, ob das in seinem Alter überhaupt noch möglich war.

Na ja, ein paar unbedeutende Affären während Ankes Erkrankung hatte er schon. Aber das war im Grunde genommen nichts Aufregendes, an das er sich erin-

nern konnte. Das war noch zu Zeiten, in denen er in der Tennismannschaft der Senioren mitspielte. Da kam er viel in anderen Klubs herum. Schließlich war er ein attraktiver Mann und anlehnungsbedürftige Frauen gab es in jedem Tennisklub. Aber das war längst passé. Er spielte nicht in der Mannschaft und war auch aus dem Klub ausgetreten, nachdem es mit Anke so bergab ging.
Aber seit er Ewa kannte, dachte er doch wahrhaftig wieder daran, dass es auch noch das andere Geschlecht gab und die Gedanken daran gefielen ihm. Aber nicht nur das ging ihm durch den Kopf. Er sah in den letzten Wochen, wie wichtig es ist, einen Menschen an seiner Seite zu haben, der immer für einen da ist. Er wurde immer älter und wer weiß, unter Umständen auch gebrechlicher. Ein Jahr war flugs vorbei. Je älter er wurde, umso kürzer kam es ihm vor. Da wäre es doch schön, wenn er genau wüsste, dass für die letzten Jahre jemand zuverlässig an seiner Seite stünde. Warum denn nicht Ewa? Wie er hatte sie keine Familie und er könnte ihr durchaus einiges bieten. Vielleicht sollte ich dieses Thema mal vorsichtig bei passender Gelegenheit ansprechen?

Beim Renovieren

Milena strich gerade noch eine Wand, als Martin mit Pizza zur Tür hereinkam. Sie hatten zwei Wochen Urlaub genommen, damit die Wohnung schnell bezugsfertig war. Ihr alter Mietvertrag endete am Monatsende. Bis dahin wollten sie alles unter Dach und Fach haben.

»Hier war ein Brief vom Krankenhaus für dich im Kasten. Du hast dich wohl schon umgemeldet«, meinte Milena und hielt Martin einen Umschlag hin.

»Was? Was kann das denn sein?« Erstaunt öffnete er das Schreiben. Was er las, erschreckte ihn dermaßen, dass er ganz blass wurde. Er setzte sich mit dem Rücken zu Milena, damit sie nicht gleich seine Überraschung sehen konnte. Erst musste er sich sammeln und überlegen, was er ihr sagen sollte.

»Was steht denn in dem Brief?«

Martin rang nach Fassung und stammelte: »Sie haben mir gekündigt!«

»Was? Das gibt's doch nicht! Warum denn? Zeig her!«

Sie riss ihm das Schreiben aus der Hand und las laut vor:

Kündigung

Sehr geehrter Herr Berger,

hiermit kündigen wir das zwischen Ihnen und uns bestehende Arbeitsverhältnis außerordentlich aus wichtigem Grund fristlos. Wir sehen uns zu diesem Schritt durch gravierende Pflichtverletzungen Ihrerseits gezwungen.

Wie wir anhand von uns vorliegenden Beweismaterials feststellen mussten, haben Sie auf Station 12, Zimmer 124, Herrn Norbert Weichsel aus seinem Nachtschrank zwanzig Euro entwendet. Herr Weichsel, der Sie bereits in Verdacht hatte, als im selben Zimmer einem Nachbarn Geld gestohlen wurde, hat sie von der Dusche aus mit seinem Handy gefilmt und uns als Beweismittel vorgelegt.
Nun werden Sie selbst wissen, das auf unserer Station bereits mehrfach Geld entwendet wurde. Wir können es nicht riskieren, dass unser Personal in Verruf gerät und mussten uns deshalb leider zu diesem Schritt entschließen.
Da Sie bereits fünf Jahre als Pfleger in unserem Hause zu unserer vollsten Zufriedenheit gearbeitet haben, bezahlen wir Ihnen kulanterweise noch drei weitere Monate Ihr Gehalt weiter.
Wenn Sie unsere Kündigung in dieser Form akzeptieren, werden wir von einer Anzeige absehen.
Wir bedauern, diesen Schritt machen zu müssen, und verbleiben mit freundlichen Grüßen ...

»Bla, bla, bla! Was soll das Martin? Haben die recht mit ihrem Vorwurf?«
Milena war nun ihrerseits völlig aufgewühlt und starrte Martin entgeistert an.
Ein zerknirschter Martin brachte mühsam ein Ja heraus.
»Ich habe mich dazu hinreißen lassen. Das Geld lag offen in der Schublade. Es war ganz einfach und ich

dachte, dass er es nicht merken würde. Es waren doch nur zwanzig Euro!«
»Was heißt denn nur zwanzig Euro!«, empörte sich Milena.
»Weißt du, was das bedeutet? Wir müssen bald mit einem Gehalt zurechtkommen. Und so viel verdiene ich ja auch wieder nicht! Gerade jetzt, wo wir die neue Wohnung haben und uns noch einiges anschaffen wollten!«
Nachdem beide erst einmal ratlos vor sich hingestarrt hatten, sagte Martin: »Ach, was soll's! Ich wollte doch sowieso kündigen. Dann müssen wir uns halt hier im Haus etwas schneller um Pflegebedürftige kümmern. Wir machen es dann umgekehrt. Du bleibst erst noch in der Klinik und ich schaue, was ich hier bewegen kann. Das wird schon!«
Milena sagte nichts. Ihr war die Lust zum Reden vergangen. Sie schaute auf die mittlerweile erkaltete Pizza und nahm einen Karton davon und setzte sich wortlos auf den einzigen Stuhl im Zimmer und aß. Dabei vermied sie es, Martin anzusehen.
»Na komm schon! Mach nicht so ein Gesicht. Das wird schon. Ganz bestimmt!«

Peters Angebot

Ewa musste unbedingt mit ihren Männern reden. Sie hatte seit Karls Tod keine fixen monatlichen Einnahmen mehr, wenn man von dem Essensgeld mal absah. Also war für sie klar, dass sie sich eine neue Einnahmequelle suchen musste. Denn für die Wohnung fielen ja auch nicht unerhebliche Kosten an.

Sie wusste, dass alle ihre Männer Alleinstehende ohne Anhang waren. Deshalb hoffte sie insgeheim, dass sie vielleicht auch mit ihnen eine ähnliche Abmachung wie mit Karl zustande bringen könnte. Diese Vorstellung ließ sie einfach nicht mehr los. Karl hatte sie damit infiziert. Sie wollte zuerst einmal Peter fragen, ob er ihre Dienste über das Abendessen und das Putzen hinaus in Anspruch nehmen wollte.

Er war der Kandidat von allen, der die meiste Hilfe benötigte. Ihr war aufgefallen, dass sich sein Gesundheitszustand verschlechtert hatte. Wenn er auch bemüht war, es sich nicht anmerken zu lassen. Aber sie hatte sich im Internet schlaugemacht, was für Probleme mit seiner Krankheit auftreten könnten. Deshalb war sie sich sicher, dass mit seiner Blasenfunktion etwas nicht in Ordnung war. Sie beobachtete ihn schon eine Weile und hatte bemerkt, dass er ständig innerhalb kürzester Zeit mit seinem Rollstuhl zur Toilette fuhr. Das konnte er bisher allein bewältigen. Die WC-Tür war breit genug und innerhalb der Toilette waren mehrere Griffe angebracht, an denen er sich hochziehen konnte. Auch hatte er sich so einen modernen Toilettensitz mit Fernbedienung,

Sprüharm und Föhn anbringen lassen. Das war eine äußerst praktische Komplettanlage, allerdings zu einem Wahnsinnspreis. So konnte er sich ohne fremde Hilfe per Knopfdruck den Hintern absprühen lassen und wurde auch noch anschließend trockengeföhnt. Das war eine tolle Sache, die Behinderten etwas von ihrer persönlichen Freiheit zurückgab.
Aber auch das Zittern seiner Hände hatte sich verstärkt. Sie bemerkte das, als er sich seine Insulinspritze zurechtmachte und auch beim Essen hatte sie bemerkt, dass seine Hände zitterten.
Mit diesen Gedanken betrat sie Peters Wohnung. Sie hatte schon länger einen Schlüssel und musste ihn deshalb nicht durch Klingeltöne stören.
Sie fand Peter auf der Terrasse. Er saß gedankenverloren in seinem Rollstuhl unter dem Sonnenschirm und hatte sie noch nicht bemerkt. Sie räusperte sich leise und berührte ihn sanft an der Schulter. Er zuckte zusammen und es traf sie ein trauriger Blick, der sich ganz langsam zu einem zaghaften Lächeln verwandelte.
»O hallo, Ewa, schön, dass du da bist. Das ist gut! Ich wollte mich mal mit dir in aller Ruhe allein unterhalten.«
»Worum geht es denn? Hast du Probleme?«
»Ja und nein! Wir kennen uns nun schon eine Weile und ich habe dich als sympathische, aufrichtige Person kennengelernt, der ich vertrauen kann. Nun bist du doch sozusagen frei für andere Aufgaben, nachdem Karl verstorben ist. Da dachte ich mir, dass ich

dich mal frage, ob du vielleicht von nun an für mich arbeiten willst. Also extra, außer dem Kochen für uns Männer.«
Jetzt musste Ewa herzhaft lachen.
»Du glaubst es nicht! Genau das wollte ich dich heute fragen. Das nenne ich mal Gedankenübertragung! Na klar, sehr gern. Wie hast du dir das denn gedacht?«
»Geh, hole für uns mal einen Prosecco. Das muss gebührend gefeiert werden!«
Ewa staunte nicht schlecht. Peter hatte sich doch auffallend zu seinem Vorteil verändert. Die Zusammenkünfte mit den anderen taten ihm offensichtlich gut. Als sie ihnen ein Glas Prosecco hinstellte, fuhr er fort.
»Das mit dem Kochen soll so bleiben, wie es ist! Aber zusätzlich könntest du doch hier zu mir in die Wohnung ziehen und den Haushalt und mich betreuen. Platz ist genug da! Karls Wohnung könntest du vermieten und ich würde dir im Monat das Gleiche zahlen, das Karl dir gezahlt hat. Was meinst du dazu?«
»Wow, keine schlechte Idee. Da würde ich mich echt verbessern. Also du meinst, dass ich dich dann rundum versorgen soll, einkaufen gehen, dich zum Arzt begleiten und so weiter. Alles, was ich bei Karl auch gemacht habe.«
»Ja, genau so. Und ich muss dir noch eins sagen. Mir geht es wirtschaftlich zum Glück sehr gut. Ich habe genau wie Karl auch keine Erben und könnte mir gut vorstellen, dir eines Tages alles hier zu hinterlassen. Das wäre mir sogar ein Trost, wenn ich wüsste, wer meinen Nachlass einmal erhält. Denn wenn ich nie-

manden bestimme, erhält alles der Staat. Und das will ich nicht. Die haben mich schon genug in all den Jahren abgezockt!«

Ewa war nun völlig überwältigt. Das hätte sie in ihren kühnsten Träumen nicht von Peter erwartet. Das waren ja tolle Perspektiven und ganz ohne ihr Zutun. Sie triumphierte innerlich.

»Hattest du denn mit Karl etwas schriftlich vereinbart?«

»Ja, wir hatten alles notariell festgelegt. Ich sage dir das jetzt ganz im Vertrauen: Da ich ja keine verwandtschaftlichen Beziehungen zu Karl habe, muss ich viel Erbschaftssteuer zahlen. Diese Summe hat mir Karl schon vorher auf mein Konto nach und nach überwiesen. Sonst hätte ich ja die Wohnung nicht behalten können.«

»Hm ... das könnten wir auch so machen. Ich sage dir jetzt, auch ganz im Vertrauen, dass ich in meinem Schlafzimmer einen eingebauten Safe hinter einem Bild habe. Dort ist noch von meiner Mutter eine Menge Bargeld und Schmuck drin. Das wurde damals nach ihrem Tod nicht versteuert, du verstehst?«, grinste er und zwinkerte ihr dabei tatsächlich zu.

»Das würdest du für mich machen? Das ist ja sehr großzügig und ich werde mein Bestes tun, damit du gut versorgt bist!«

Ewa beugte sich zu ihm hinunter und wollte ihn umarmen, was er aber abwehrte.

»Du weißt bestimmt, dass ich körperliche Nähe nicht so gern mag«, meinte er verlegen. »Und alles, was wir jetzt besprochen haben, bleibt unter uns. Einverstanden?«

»Aber natürlich, das ist ganz in meinem Sinn.«

Super, dachte Ewa. So kann es weitergehen mit meinem Leben! Sie rechnete im Stillen aus, was diese Wohnung wohl einmal für einen Wert haben könnte. Wie viel Geld wohl in diesem Safe ist?

Peter gingen derweil ganz andere, wesentlich betrüblichere Gedanken durch den Kopf.

Martins Pläne

»Schon wieder Pizza« stöhnte Milena, die müde und abgeschlafft aus der Klinik kam.

»Ich hatte keine Zeit zum Kochen. Dafür bin ich mit dem Renovieren fertig!«

Martin nahm Milena in den Arm, gab ihr einen Kuss und servierte anschließend die bereits lauwarme Pizza.

»Morgen holen wir die restlichen Möbel und ...« Er machte eine Pause und schaute Milena herausfordernd an.

»Und was?«

»Tada! Ab nächste Woche haben wir die erste Kundin!«

»Was? Wer denn?«

»Frau Hertling aus dem ersten Stock, die Wohnung rechts, möchte unsere Hilfe in Anspruch nehmen. Zuerst machen wir das mal ohne Rechnung, also schwarz. Wenn ich kein Gehalt mehr bekomme, melde ich mich als selbstständiger Pflegedienst an und schreibe Rechnungen. Na, was sagst du nun?«

»Super! Was genau hast du denn vereinbart?«

»Frau Hertling hat Pflegestufe 1. Da erhält sie von der Krankenkasse so um die einhundertfünfzig Euro. Sie kann noch maximal dreihundertfünfzig Euro drauflegen. Das wären dann fünfhundert Euro. Dafür werde ich für sie einkaufen, ein bisschen Hausarbeit machen, den Müll entsorgen, mit ihr zum Arzt gehen et cetera. Alles kleinere Arbeiten. Das werde ich stundenweise noch genau mit ihr fixieren.«

»Na ja, fünfhundert Euro sind nicht der Brüller!«

»Abwarten und Tee trinken! Das ist doch erst der Anfang! Wir suchen uns noch weitere Kandidatinnen hier im Haus. Ich habe da auch schon so zwei, drei im Auge. Sie müssen aber alleinstehend und ohne Anhang sein. Mein Vorbild ist hier Ewa. Wenn es uns gelingt, das genauso wie sie zu machen, haben wir bald ausgesorgt. Garantiert!«

Anke ist zurück

Ewa schwebte wie im siebten Himmel, als sie zu Mehrings rüberging, um nach Anke zu schauen, die heute wieder aus dem Pflegeheim zurückgekommen war.

Auch von dieser Wohnung besaß sie einen Schlüssel. Schon beim Betreten der Wohnung spürte sie eine beklemmende Atmosphäre. Er roch stark nach Krankenhaus und die Sanitäter waren noch damit beschäftigt, Anke richtig zu betten.

Hans kam ihr gleich mit einem betretenen Gesicht entgegen und nahm sie zur Seite.

»Anke geht es schlecht«, sagte er leise. »Sie hat wohl den Beginn einer Erkältung und Probleme mit dem Abhusten. Wir müssen sie also im Auge behalten.«

»Hat sie Fieber?«

»Nein, das Pflegeheim hat nur darauf hingewiesen, dass wir vorsichtig sein sollen, damit sie keine Lungenentzündung bekommt.«

Ewa nickte verständnisvoll.

»Aber, ich muss dir gleich noch was sagen. Wenn das aber passieren sollte, bin ich mir mit dem behandelnden Arzt darüber einig, dass wir nichts weiter unternehmen werden. Also keine lebensverlängernden Maßnahmen ergreifen. Verstehst du?«

Ewa nickte erneut und sogleich begann es in ihrem Kopf zu arbeiten. Wäre das dann Ankes Todesurteil? Na klar, dann wäre es mit diesem unsäglichen Leid für Anke vorbei. Und wäre das nicht gut so? Das ist doch kein Leben mehr.

Die Sanitäter verabschiedeten sich. Hans musste noch eine Transportbestätigung unterschreiben, die für die Rechnung wichtig war.
Endlich waren sie allein. Ewa schaute erst einmal nach Anke, ob alles in Ordnung war und schon klingelte es an der Wohnungstür. Als Hans öffnete, stand der ›Schnelle Harry‹ vor ihm. Diesmal hatte er die Haarfarbe leicht ins Orangene gewechselt und außerdem noch als schmückendes Beiwerk einen langen Ohrring am rechten Ohr. Hans schätzte ihn auf mindestens Mitte fünfzig. Seinem Habitus nach konnte man davon ausgehen, dass er ein Überbleibsel der Hippiebewegung war.
Nach kurzem Hallo stürmte Harry gleich in Richtung Krankenzimmer. Wie immer, hatte er es eilig. Anke war seine letzte Patientin für heute und nach allem, was er Hans mal erzählt hatte, wartete bei ihm zu Hause eine Antonia auf ihn. Wobei Hans sich nicht ganz sicher war, ob es nicht eher um einen Anton handelte.
Ewa schloss die Tür zu Ankes Zimmer, damit Harry seine Arbeit verrichten konnte.
»Ich muss dir eine Neuigkeit erzählen.«
Hans schaute sie interessiert an, wobei er bereits zwei Weingläser auf den Tisch stellte.
»Nun, was gibt's denn?«
»Peter hat mich heute gefragt, ob ich bei ihm einziehen und ihn versorgen will. Er fühlt sich nicht mehr so wohl. Seine Krankheit schreitet wohl voran und er braucht Hilfe. Ich habe ihm zugesagt!«

»Ach, wirklich.« Seine Enttäuschung konnte er leider nicht verbergen.
»Dann wohnen wir sozusagen Tür an Tür. Bekommst du auch ein Gehalt?«
»Natürlich! Er bezahlt das Gleiche wie Karl und ich kann außerdem noch die Wohnung von Karl vermieten. Es geht mir dann also recht gut! Und einen neuen Job hätte ich mir sowieso besorgen müssen, denn von irgendetwas muss ich ja auch leben.«
»Schade! Wenn Peter mir nicht zuvorgekommen wäre, hätte ich dir ein Angebot gemacht!«
»Wirklich? Dann hätte ich ja die Qual der Wahl gehabt! Ich habe Peter aber bereits zugesagt. Das ist auch besser so, sonst hätte ich Probleme, mich zu entscheiden.«
Hans machte den Versuch, Ewa zu umarmen, was sie jedoch geschickt abwehrte.
»Komm, setz dich doch. Lass uns noch mal auf unsere Italienreise anstoßen. Es war doch eine wunderschöne Reise, findest du nicht auch?«
»Ja, wirklich! Für mich war es der erste Urlaub überhaupt. Und dann gleich in so einem tollen Haus. Es war wie im Film für mich«, schwärmte Ewa.
»Wenn du willst, können wir alle dort öfter mal hinfahren. Jetzt wo das so gut mit Ankes Unterbringung geklappt hat.«
»Ja, das wäre echt schön. Aber ich glaube, dass das mit Peter nicht mehr klappen wird. Er macht tatsächlich einen unglücklichen Eindruck. Es geht ihm nicht gut, wenn er es auch nicht offen sagt.«

Hans hielt ihr ein volles Glas hin und schaute ihr tief in die Augen. »Salute, meine Schöne!«, sagte er sanft und machte erneut einen Versuch, Ewa näher zu kommen.
»Salute Hans! Ich muss aber gleich mal etwas zurechtrücken. Ich weiß, dass du mich magst. Ich mag dich auch. Aber das mit dem Kuss war ein Ausrutscher. Du bist verheiratet und mit verheirateten Männern fange ich nichts an. Das habe ich mir geschworen.«
»Und ich bin dir viel zu alt, stimmt's?«
»Nein, das ist es nicht. Du bist ein attraktiver Mann, der mir durchaus gefällt. Da spielt das Alter im Grunde keine Rolle. Aber, leider verheiratet«, sagte sie mit bedauerndem Schulterzucken, hob das Glas und bestätigte ihre Aussage mit einem kräftigen Schluck aus dem Weinglas.
In Wahrheit wollte sie es Hans nicht zu leicht machen. Außerdem war sie extrem verunsichert, was richtig oder falsch war.
Sie gestand sich ein, durchaus Gefühle für Hans zu empfinden. Aber der große Altersunterschied nährte ihre Bedenken.
Bald war sie achtunddreißig Jahre alt und Hans war schon zweiundsiebzig. Vierunddreißig Jahre! Meine Güte! Das war schon ein gewaltiger Unterschied.
Er sah aber mindestens zehn Jahre jünger aus, gestand sie sich ein. Er hatte einen sportlich durchtrainierten Körper, eine jugendliche Ausstrahlung und war sehr gepflegt. Alles Pluspunkte für ihn.

Aber was wird in zehn Jahren sein? Dann ist er bereits über achtzig und ich bin immer noch im besten Alter. Wenn sie an die ganzen bunten Illustrierten beim Friseur dachte, fand sie immer wieder viele Berichte über ältere männliche Promis mit unglaublich jungen Frauen. Klar, die Männer waren immer sehr vermögend. Das war oft wohl das Interessanteste an diesen Verbindungen. Bei Hans und ihr wäre das ja schließlich auch so. Aber es gab auch immer noch Anke, deren Zustand allerdings mittlerweile so schlecht war, dass ein Ende absehbar war. Dann wäre Hans frei für eine neue Beziehung. Wenn sie auf der anderen Seite das Vermögen, und hier vor allen Dingen das tolle Haus in Italien sah, schlug das Pendel eindeutig in seine Richtung aus. Na gut, ich werde ihn zappeln lassen. Kommt Zeit, kommt Rat!
»Okay Ewa, ich verstehe deine Bedenken. Aber sei versichert, dass meine Absichten wirklich ernst gemeint sind. Ich gebe offen zu, dass ich mich gern in deiner Nähe aufhalte. Du gehst mir den ganzen Tag nicht aus dem Kopf und ich kann mir ein Leben mit dir gut vorstellen. Aber du hast recht, warten wir erst einmal ab, wie sich die Dinge zwischen uns entwickeln. Darf ich dich trotzdem mal umarmen?«
Er sagte das mit so viel Zärtlichkeit in der Stimme, dass Ewa ganz weiche Knie bekam.
»Natürlich!«, flüsterte sie nur schwach und schmiegte sich in seine starken Arme.

Martins Werbung

Martin hatte nun Zeit, sich einen genauen Plan zurechtzulegen, wie man zu neuen Kunden kommen könnte. Ewa nahm er sich zum Vorbild. Er sprach bei Milena immer von ›Ewas Geschäftsidee‹, weil er davon überzeugt war, dass sie das alles bewusst eingefädelt hatte.

»Weißt du was, Milena, wir entwerfen eine Anzeige und spielen mit offenen Karten. Das ist überhaupt nicht verwerflich, sondern ein fairer Deal. Ich habe schon mal einen Text entworfen. Wenn dir auch dazu was einfällt, sage es frei heraus.«

Er nahm seinen Notizblock und las ihr vor:

Ein fairer Deal!

Sie sind völlig alleinstehend, haben keinen Anhang und keine Erben. Sie können sich ein Pflege- bzw. Altersheim nicht leisten und möchten am liebsten in Ihrer Eigentumswohnung oder Ihrem Haus bis zum Lebensende bei bester Versorgung wohnen bleiben? Ihre Rente reicht aber nicht aus, sich eine Pflegekraft/ Haushälterin zu leisten?

Dann engagieren Sie doch uns!

Wir beraten und betreuen Sie bis zum Lebensende. Wir kümmern uns um all die Dinge, die Sie nicht mehr selbstständig leisten können. Das alles zu geringen monatlichen Kosten, gerade so, wie es Ihnen möglich ist. Wir berechnen und besprechen alles mit Ihnen gemeinsam.

Wir wären eventuell auch bereit, 24 Stunden bei Ihnen im Haushalt zu leben. Wir, das ist der Kranken-

pfleger Martin (39) und die Pflegekraft Milena (38). Beide mit langjähriger Berufserfahrung, ordentlich und gewissenhaft.
Als Lohn für unsere Arbeit erwarten wir allerdings, dass Sie uns als Erbe Ihres Besitzes einsetzen.
Sollten Sie an unserer Mitarbeit interessiert sein, melden Sie sich bitte unter Tel...
Milena sah ihn mit großen Augen an.
»Meinst du, dass da jemand anrufen wird? Ich bin außerdem doch auch keine Pflegekraft«, meinte sie skeptisch.
»Ganz bestimmt! Es gibt so viele alte Leute, die im eigenen Haus oder in der eigenen Wohnung wohnen, aber trotzdem nur eine kleine Rente haben. Die können sich die teuren Pflegeheime doch gar nicht leisten. Und wenn sie pflegebedürftig sind, erhalten sie ja auch eine Pflegestufe. Nimm doch mal an, jemand hat Pflegestufe 2. Das sind dann monatlich so vierhundertzwanzig Euro. Die kann er schon mal an uns zahlen. Wer 2 hat, ist noch einigermaßen gesundheitlich so weit okay, dass er nachts allein sein kann. Das würde bedeuten, wir besuchen ihn täglich und kümmern uns im Großen und Ganzen um ihn. Wir kaufen ein, helfen im Haushalt, beim Duschen. Dafür kalkulieren wir unsere Stunden. Sagen wir mal zwei Stunden täglich mal dreißig Tage gleich sechzig Stunden im Monat. Wenn wir nun nur zehn Euro pro Stunde berechnen, dafür bekommen die niemanden sonst, sind das im Monat sechshundert Euro, vierhundertzwanzig bekommt er von der Krankenkasse. Bleiben

nur noch einhundertachtzig Euro, die der Kunde extra zahlen müsste. Billiger geht's doch nicht!«
»Mmh, ja, das klingt nicht schlecht!« Milena lächelte ihm zu.
»Dann natürlich das Erbe! Wer keine Verwandte mehr hat, dem kann es doch egal sein, wer mal alles erbt. In unserem Fall wüsste derjenige dann aber genau, wer mal sein Haus oder seine Wohnung erben wird. Das ist bestimmt für viele auch eine Beruhigung. Etwas, wofür jemand vielleicht sein Leben lang geschuftet hat, fällt letztendlich nicht dem Staat in die Hände.«
»Du hast recht! Das ist im Grunde ein faires Angebot. So kann der alte Mensch bis zum Tod in seinem Haus bleiben. Das ist gut. Das leuchtet mir ein.«
»Gebongt!« Martin klatschte in die Hände.
Ich tippe mal alles in den Computer und gebe die Anzeige in der ›Bad Sodener Zeitung‹ auf. Außerdem werden wir hier im Haus auch einen Aushang machen, aber ohne Details zu nennen. Das geht hier niemand was an.«
Er nickte zufrieden und schaute Milena selbstsicher an.
»Du wirst sehen, das wird ein Erfolg! Wenn wir die ersten Kunden haben, melden wir ein Gewerbe an. Außerdem können wir auch viel schwarz machen.«
Er schnappte Milena, hob sie in die Höhe und wirbelte sie herum.
Laut lachend krachten sie gemeinsam aufs Sofa, um sich anderen körperlich Angelegenheiten zu widmen.

Ewa zieht bei Peter ein

Nachdem Ewa alle persönlichen Dinge, und alles, was sie von Karl mitnehmen wollte, bei Peter eingeräumt hatte, klingelte sie noch spät abends bei Milena und Martin an der Wohnungstür.

Sie erzählte ihnen, dass sie Peter von nun an betreuen werde und bei ihm bereits eingezogen sei. Ihre Wohnung wollte sie deshalb vermieten. Von den genauen Einzelheiten erzählte sie erst mal nichts.

Martin wechselte vielsagende Blicke mit Milena und grinste sie an. Das sollte wohl so viel heißen wie ›du siehst, es funktioniert‹.

»Martin, du hast doch Zeit. Würdest du meine Wohnung renovieren und die Möbel verkaufen oder verschenken? Ich habe dafür keine Zeit. Ich zahle dir acht Euro die Stunde auf die Hand.«

Das kam ihm gerade recht. Denn er hatte ja vorerst fast nichts zu tun und Geld konnte er immer gebrauchen.

Seine Arbeit bei Frau Hertling machte er mit links. Die alte Dame war ihm dankbar für seine Hilfe und ihr wollte er demnächst auch mal sein Spezialangebot unterbreiten.

»Die Küche bleibt, wie sie ist. Die ist noch gar nicht so alt und für Mieter gerade recht. Aber die Tapeten müssten runter und neue dran und die Türen müssten neu gestrichen werden. Alles einfach schön hell und freundlich.«

»Alles klar, mache ich. Soll ich das ganze Material auch besorgen?«

»Das wäre prima. Wir nehmen am besten Raufaser und weiße Wandfarbe und weißen Lack. Am Ende noch überall hellen Teppichboden. Im Wohnzimmer bleibt das Parkett.«

Als Ewa wieder nach oben gegangen war, konnte es Martin sich nicht verkneifen und meinte zu Milena:

»Ganz schön selbstbewusst, die Dame! Hast du die Klunker gesehen, die sie um den Hals hatte? Die hat sich ganz schön verändert!«

»Ja, das stimmt!«, meinte auch Milena. »Vom hässlichen Entlein zum schönen Schwan! Weißt du, wie wir sie früher in der Schule immer genannt haben? ›marchewka‹, das heißt auf Deutsch Karotte. Sie hatte feuerrote Haare und Millionen von Sommersprossen. Die hat sie natürlich heute noch, aber die Haare hat sie dunkler gefärbt. Abgenommen hat sie auch.«

Der Neid war aus Milenas Worten deutlich zu hören.

»Und Klamotten hatte die immer an ... Grässlich! Alles nur abgetragene Kleider. Sie tat mir damals immer leid, weil alle sie gehänselt haben. Dafür hat sie jetzt das teuerste Outfit an!«, ergänzte sie noch.

»Keine Sorge, Schatz, das hast du auch bald! Du wirst sehen, meine Pläne werden funktionieren!«

Otto ist krank

»Na, heute seid ihr aber recht müde Krieger«, feixte Ewa beim Abendessen.

Alle aßen schweigend. Peter machte ein besonders gequältes Gesicht. Auch Otto, der sonst immer was zu erzählen hatte, war recht schweigsam.

Einzig Hans lächelte Ewa zu. »Ich glaube, Peter geht es heute nicht besonders gut, stimmt's Peter?«

»Ja, das stimmt«, war die karge Antwort. Mehr wollte er offensichtlich nicht erzählen, denn er nahm schnell eine volle Gabel in den Mund.

»Ich war heute beim Arzt«, sagte nun Otto seufzend. Man merkte ihm an, dass er nicht gern darüber sprach.

»Warum, hast du was?«, frage Ewa interessiert.

»Ja, hab ich.«

»Nun lass dir doch nicht alles aus der Nase ziehen, erzähl schon, was ist los?«

»Mir ist aufgefallen, dass ich in letzter Zeit so schnell außer Puste bin. Wenn ich zum Beispiel nicht den Lift nehme, geht mir oft die Luft aus und ich muss erst einmal stehen bleiben. Außerdem habe ich Ödeme an den Beinen.«

»Was sind denn Ödeme?«, fragte Ewa.

»Das sind Wassereinlagerungen. Das sieht wie geschwollen aus und wenn du draufdrückst, bleiben Dellen zurück. Deshalb ging ich zu meinem Hausarzt, der mich gleich an einen Kardiologen überwiesen hat. Der hat bei mir mehrere Untersuchungen durchgeführt und eine chronische Herzschwäche diagnosti-

ziert. Ich habe einen geschädigten Herzmuskel und im EKG konnte er einen zurückliegenden Herzinfarkt feststellen.«
»Was bedeutet das für dich?«, fragte Hans.
»Das bedeutet, dass diese Herzschwäche fortschreitet und die Pumpkraft immer weiter abnimmt. Er hat mir auf dem Röntgenbild genau gezeigt, dass ich Flüssigkeitseinlagerungen in der Lunge habe und meine Herzklappen auch nicht mehr richtig funktionieren.«
Nun war selbst Peter aufmerksam und schaute Otto interessiert an, der weitererzählte.
»Einen viel zu hohen Blutdruck habe ich auch noch. Jetzt muss ich eine Menge Tabletten schlucken, auch Entwässerungstabletten. Ich soll mich moderat bewegen, wenig oder keinen Alkohol trinken, gesund ernähren und nicht rauchen, was ich ja sowieso nicht mache. Wenn es nicht besser wird, will man mir einen Herzschrittmacher einsetzen. So, jetzt wisst ihr Bescheid!«
»Na, das klingt ja alles nicht besonders. Dann nimm aber auch deine Tabletten gewissenhaft ein!« Ewa griff nach Ottos Weinglas und stellte es auf ihre Seite. Otto protestierte sofort. »Ewa, ich bin nun schon über fünfundachtzig und habe in meinem Leben schon viel erlebt. Von der schlimmen Zeit der Gefangenschaft ganz zu schweigen. Ich werde mir meine letzten Tage nicht durch Diäten oder sonstige Einschränkungen vermiesen. Ich werde weiterleben wie bisher und jeden Tag genießen. Das habe ich mir nach der Diagnose fest vorgenommen. Wenn's zu Ende geht, dann

geht es halt zu Ende. Aber ich will das Leben bis zum letzten Atemzug genießen. Also bitte, gib mir mein Weinglas zurück und stoßt alle mit mir auf das wundervolle Leben an.«

»Otto hat recht! Ich sehe das ganz genauso«, meinte Peter nun zu Ewas Überraschung und hob sein Glas ebenfalls in die Höhe.

»Salute, Otto! Auf ein würdiges und selbstbestimmtes Leben!«

Notgedrungen erhoben auch die anderen ihre Gläser und stießen mit den beiden an.

Peters Plan

Nachdenklich verkroch sich Peter in sein Schlafzimmer. Er fühlte sich nach dem Essen abgeschlagen und müde. Er wollte sich eine halbe Stunde in seinen bequemen elektrischen Aufstehsessel setzen, den er sich vor ein paar Monaten gekauft hatte. Mit seinem Rollstuhl fuhr er ganz nah an den Sessel heran und hievte sich mit aller Kraft mit einem kurzen Schwung in diese praktische Sitzgelegenheit. Per Kopfdruck konnte er sich dann in die gewünschte Position bringen und entspannt einige Minuten ausruhen. Es war ihm wichtig, dies alles ohne fremde Hilfe bewerkstelligen zu können.

Aber wie wird es weitergehen?

Die letzten Tage spürte er eine deutliche Verschlechterung. Er wurde schnell müde, seine Spastik nahm zu und seine Blase funktionierte auch nicht in gewohnter Weise. Alles Hinweise darauf, dass es weiter bergab mit ihm ging. Alle Therapien hatte er bereits abgesagt, sie brachten eh nichts mehr. Sein Ende kam Tag für Tag näher.

Aus dieser Erkenntnis heraus hatte er Ewa sein Angebot mit dem Erbe unterbreitet. So hatte er am Ende seines Lebens noch ein gutes Werk getan. Seine Gedanken beschäftigten sich mit nichts anderem mehr als mit seinem geplanten Suizid. Er hatte bereits ausreichend Insulin zurückgelegt, um sich eine hoch dosierte Menge spritzen zu können. Bei seinen Recherchen stieß er auf die Sensationsstory über den ehemaligen Hamburger Senator Robert Kusch, der

bei einer alten Dame Sterbehilfe geleistet hatte. Der im Artikel genannte Tötungscocktail aus einem Anti-Malaria-Mittel und einem bekannten Beruhigungsmittel schien bestens dafür geeignet zu sein, sanft und schmerzfrei in den Tod hinüber zu dämmern. Das Malariamittel hatte er sich bereits rezeptfrei bei einem ausländischen Versender bestellt und das Beruhigungsmittel Diazepam hatte er sowieso in seiner Hausapotheke. Die Empfehlung das Ganze mit einem Schluck Sirup gegen den bittren Geschmack einzunehmen, wollte er auch befolgen.
Er war also gerüstet für den Tag der Entscheidung, der ihn seiner Würde beraubte.

Tratschweib

»Haben Sie das schon gehört? Frau Nowak ist jetzt bei Herrn Münster eingezogen!«

Frau Schneider flüsterte dies hinter vorgehaltener Hand mit wichtigtuerischer Miene Frau Müller aus dem zweiten Stock zu.

»Die wandert von einem zu anderen«, grinste sie intrigant und schob noch nach »Was sich da abspielt, kann ich mir gut vorstellen. Sie wissen ja, die Damen aus dem Ostblock wissen wie sie sich einen Mann angeln müssen. Das wäre ja nicht der erste Fall, den ich kenne.«

»Meinen Sie, dass da was zwischen denen läuft? Ich meine, so sexuell?«, fragte Frau Müller ungläubig. »Der Herr Bauer und der Herr Münster sind doch schon so alt und machen doch einen seriösen Eindruck!«

»Pah, was heißt hier schon seriöser Eindruck! Auch alten Männern rutscht schon gern mal der Verstand in die Hose, wenn Sie wissen, was ich meine. Da sind doch alle gleich. Egal wie alt sie sind! Sie kennen bestimmt den Spruch ›Wenn ne alte Scheune brennt, hilft keine Feuerwehr und auch kein Wasser mehr‹.«

Frau Müller lachte laut. »Was sie sich immer denken, Frau Schneider. Die wird als Haushälterin dort tätig sein. Das sind doch alles alleinstehende Männer. Die brauchen jemand für die täglichen Hausarbeiten. Und der Herr Münster! Der ist doch im Rollstuhl! Also wirklich Frau Schneider, das kann ich nicht glauben!«

»Ist Ihnen noch nicht aufgefallen, wie die alten Böcke

immer um die rumscharwenzeln. Und wie die sich immer mehr herausputzt! Na ja, dem Herrn Bauer hat sie wohl die Wohnung abgeluchst und den Schmuck von der verstorbenen Frau Bauer hat sie auch schon an. Ich kenne die Kette, die sie heute getragen hat noch ganz genau!«
»Psst! Vorsicht, da kommt sie gerade!«
»Ach hallo, Frau Nowak!,« säuselte Frau Schneider. »Na, waren Sie einkaufen?«
Ewa kam voll beladen zur Haustür herein und ging gleich zu den Briefkästen, um die Post für Peter und Hans einzusammeln.
Ach, Frau Tagblatt ist mal wieder am Ablästern, dachte Ewa und lächelte genauso zuckersüß zurück. *Immer schön freundlich Ewa*, sagte sie sich.
»Ja, ich hatte viel einzukaufen. Der Kühlschrank war fast leer. Und der ›Klub der fröhlichen Oldies‹ hat großen Hunger. Ich bin schon spät dran mit dem Kochen.«
»Kochen Sie denn für alle Männer?« Diese neugierige Frage konnte sich Frau Schneider einfach nicht verkneifen.
»Ja, wir essen jeden Abend gemeinsam. Ich koche immer und die Männer freuen sich, wenn sie was Anständiges zwischen die Zähne bekommen.«
Jetzt wechselte Frau Schneider tiefe Blicke mit Frau Müller, die verlegen zur Seite blickte.
»Ja, ja, Liebe geht durch den Magen«, raunzte sie Frau Müller kurz zu, nachdem Ewa im Aufzug verschwunden war.

Frau Müller, der das alles unangenehm war und die die Lästereien von Frau Schneider nicht unterstützen wollte, verabschiedete sich. Altes Waschweib, dachte sie, ständig und immerfort mischt sie sich in fremde Angelegenheiten ein.
»Einen schönen Tag noch Frau Schneider!« Frau Müller entschwand schnell nach draußen.

Auf Peters Terrasse

Otto war nach außen hin fröhlich wie immer. Er wollte es sich auf keinen Fall anmerken lassen, wie es wirklich um seine Gesundheit stand. Ähnlich ging es Peter, der zwar nach wie vor nicht gerade der Gesprächigste war, aber sich auch nicht anmerken ließ, dass es mit ihm bergab ging. Alle saßen gemütlich bei einem Glas Wein nach einem vorzüglichen Essen zusammen auf Peters Terrasse. Die stand zwar in keinem Vergleich zu der wundervoll bepflanzten Terrasse der Mehrings. Aber keiner wollte vorschlagen, hinüberzugehen, um Peter nicht zu beleidigen. Keine einzige Pflanze war hier zu sehen. Dafür stand eine große Hollywood-Schaukel, ein großer Tisch und vier Stühle im Bereich der Markise. Einige italienische weiße Statuen und Amphoren hatten sie um die Sitzgruppe platziert. Alles in allem eine unspektakuläre, etwas kitschige Gestaltung, pflegeleicht und wassersparend.

Dafür hatte man von dieser Terrasse aus einen wunderschönen Blick über die Skyline von Frankfurt und auf die im Westen am Horizont versinkende Sonne. Es war heute ein besonders imposantes Naturschauspiel.

Der rote Feuerball, der langsam hinter dem Horizont verschwand, kolorierte den Himmel mit einem beeindruckenden Farbenspiel, das außer roten noch gelbe, violette oder gar grüne Farbtöne zeigte.

Es wurde schon kühl, sodass Ewa den Terrassenstrahler anmachte und eine Strickjacke überzog.

»Wunderschön! Das Leben ist doch wunderschön!«, sagte Otto enthusiastisch und deutete auf den Sonnenuntergang. »Genießt es, das hat man nicht alle Tage!«
Auch Peter hatte leuchtende Augen. Er saugte dieses Naturschauspiel wie ein Schwamm auf und unterdrückte seine aufkommenden Tränen.
Wie lange noch werde ich dies erleben können, fragte er sich. Heute hatte er zum ersten Mal richtig in die Hosen gemacht. Er hatte es einfach nicht mehr zur Toilette geschafft. Er war völlig verzweifelt und konnte nur mit größten Anstrengungen verhindern, dass Ewa etwas merkte.
Zum Glück hatte er sich ein Badezimmers en Suite bauen lassen, sodass er sich völlig unabhängig und unbeobachtet bewegen konnte.
Ewa hatte ihr eigenes Bad. Sie war in das Zimmer seiner Mutter eingezogen und hatte dadurch auch ihren ganz eigenen Bereich, was sie als sehr angenehm empfand. Außerdem gab es noch ein Gäste-WC mit einer kleinen Dusche für Gäste.
Peter hatte heute nach langer Zeit wieder einmal Geld aus dem Safe nehmen wollen, um es Ewa zu geben. Er hatte es aber einfach nicht geschafft, an den in knapp zwei Metern Höhe angebrachten Safe heranzukommen. Der war hinter einem Gemälde in seinem Zimmer eingebaut, gesichert mit einer Zahlenkombination.
Es war zum Verzweifeln. Nicht einmal mehr das klappte! Es war ihm schnell klar, dass er ohne fremde Hilfe nicht mehr eigenständig an seine Wertsachen

kommen würde. Seine Spastik war mittlerweile so fortgeschritten, dass er auch nur noch schwer Gegenstände festhalten konnte. Und wie erbärmlich das aussah! Die eigene Wahrnehmung seines Körpers als ästhetisch war immer ganz besonders wichtig für ihn. Dieses Empfinden war sehr gestört, sodass er sich schon gar nicht mehr im Spiegel anschauen wollte. Da er sich von Ewa beim Anziehen nicht helfen lassen wollte, saß seine Fliege schon mal etwas schief oder ein Hemdknopf stand offen. Alles Dinge, die noch vor Kurzem für ihn undenkbar waren. Er verachtete sich und seinen Körper von Tag zu Tag mehr. So konnte und wollte er nicht weiterleben.

Otto hatte gerade wieder einen Witz erzählt und alle lachten. Plötzlich griff sich Otto spontan ans Herz.

»Was ist denn, was hast du Otto?«

Ewa hatte es sofort bemerkt, dass etwas nicht in Ordnung war.

»Ach, es geht schon wieder. Mir wurde eben nur etwas schwindelig und mein Herz rast ein bisschen«, wiegelte Otto ab.

»Hast du auch deine Tabletten genommen?«, wollte Ewa wissen.

Auch Hans war sofort zu Otto geeilt und hielt ihn an der Schulter fest.

»Mensch Otto, mach keinen Scheiß! Du musst uns sagen, wenn was mit dir ist! Weißt du was, du legst dich jetzt ins Gästezimmer aufs Bett und ruhst dich erst mal etwas aus. Das geht doch in Ordnung?«, fragte er Peter.

»Natürlich, das Zimmer ist ja frei. Macht das so! Ewa bezieh doch gleich mal das Bett.«
Nachdem Ewa zurückgekehrt war, saßen sie nicht mehr lange auf der Terrasse zusammen. Jeder hing etwas seinen Gedanken nach, bis Ewa alle zum Schlafengehen aufforderte.
Peter war jedoch nicht in der Lage, seine Rollstuhlräder zu lösen. Er versuchte und versuchte, aber es gelang ihm nicht. Hans, der das sah, kam kurz entschlossen herbei, löste die Sperre und fuhr Peter zu seinem Zimmer. Peter rannen vor lauter Wut über seine Unzulänglichkeiten die Tränen die Wangen hinunter, was er aber vor Hans gut verbergen konnte.

Die erste Kundin

»Du glaubst es nicht, wer mich heute angerufen hat.« Martin war sichtlich aufgeregt und überfiel Milena sofort, als sie zur Tür hereinkam.

»Du wirst es mir bestimmt gleich sagen!«, sagte sie.

»Also, pass auf. Wir haben heute den ersten Anruf auf unsere Anzeige erhalten.«

»O, toll!« Nun war Milena auch sehr gespannt.

»Eine Frau Stegner aus Bad Soden rief mich heute an. Sie ist einundachtzig und lebt allein in einem großen Haus mit großem Garten oben in der Oranienstraße. Ihr Mann ist vor fünfzehn Jahren gestorben. Sie hatten früher mal eine große Druckerei. Kinder hat sie keine, nur Nichten und Neffen, mit denen sie aber nichts zu tun haben will. Wir sollen uns mal bei ihr vorstellen. Sie wäre auf der Suche nach einer Rundum-Betreuung, also vierundzwanzig Stunden. Ich habe für morgen Nachmittag einen Termin mit ihr ausgemacht. Na, was sagst du jetzt!«

Er schaute mit stolzgeschwellter Brust kess an.

»Ja, und hat sie den Text auch richtig gelesen. Mit dem Erben und so?«

»Na klar, die machte einen sehr selbstsicheren Eindruck und war sehr redegewandt.«

»Das würde ja bedeuten, dass wir nur für diese Dame arbeiten könnten!«

»Ja, du Dummchen! Dafür ist aber auch ein Haus in bester Wohnlage vorhanden, das eines Tages uns gehören würde. Das stellt doch alles, was Ewa geerbt hat, in den Schatten!«

»Was hat denn so ein Haus für einen Wert?«
»Ich habe mal heute bei Google Maps nach der Adresse geschaut. Das ist eine tolle Lage und ein großes Haus. Ich schätze mal eine ältere Villa. Bei Immoscout ist das Angebot rar. Häuser in dieser Klasse kosten über zwei Millionen! Na, was sagste jetzt?«
»Wow, da bin ich aber platt! Und ob wir diese Dame mal besuchen!«
Milena strahlte wie ein Honigkuchen und gab Martin einen dicken Kuss.

Ewa findet Peters Brief

Peters Verzweiflung war groß. Er musste mit Ewa noch einmal reden und rief sie zu sich.

»Ewa, ich brauche deine Hilfe! Ich komme nicht mehr an den Safe heran«, lamentierte er.

Ewa sah ihm an, dass es ihm schwerfiel, diese Schwäche einzugestehen.

»Kein Problem.«

Peter zeigte ihr, hinter welchem Bild der Safe versteckt war und nannte ihr ganz langsam den Code.

Als sich die Tür zu dem kleinen Safe öffnete, staunte Ewa nicht schlecht, welche Werte sich darin verbargen. Eine Schmuckschatulle, voll mit Juwelen. Richtig dicke Klunker, nicht unbedingt ihr Geschmack, aber was soll's. Wertvoll waren die auf jeden Fall. Und dann erst die Geldbündel! Fein säuberlich in mehrere Päckchen verschnürt lagen da mindestens zweihunderttausend Euro im Safe.

Ewa blieb der Mund offen stehen.

»Ach du liebe Güte! So viel Geld und Schmuck. Das ist ja ein Vermögen.«

Peter grinste verlegen.

»Na ja, das ist schon einiges, das meine Mutter so nach und nach beiseitegeschafft hat. Zum Glück! Zum Glück für dich!«, ergänzte er.

»Komm, gib mir mal ein Bündel Scheine her. Das nimmst du jetzt an dich, für alle Fälle!«

Später beim Aufräumen seines Zimmers wurde ihr schnell klar, was er mit ›für alle Fälle‹ gemeint hatte. Sie fand im Papierkorb mehrere angefangene Seiten, die alle mit ›Liebe Freunde‹ anfingen. Neugierig geworden, las sie einen davon. Er lautete:

Liebe Freunde,

zuerst einmal möchte ich Euch für die wunderbare gemeinsame Zeit danken. Ich habe mich in Eurer Gesellschaft sehr wohl gefühlt. Es hat mein Leben wirklich bereichert. Vor allen Dingen unser Urlaub in Italien war eine große Freude für mich, besonders deshalb, weil Italien schon immer das Land meiner Sehnsucht war. Danke dafür.

Nun bin ich aber an einem Punkt meiner Krankheit angelangt, den ich nicht mehr ertragen kann. Ihr wisst, dass ich immer etwas ein Eigenbrötler gewesen bin, der allein zurechtkommen wollte. Ich könnte es nicht ertragen, rund um die Uhr auf fremde Hilfe angewiesen zu sein. Das fängt beim Anziehen an, beim Toilettengang, beim Duschen, Essen usw. Ich denke, Ihr wisst, was ich meine.

Ich habe deshalb beschlossen, jetzt, wo ich noch Herr meiner freien Entscheidung bin, meinem Leben ein Ende zu bereiten. Dafür habe ich bereits seit Längerem vorgesorgt. Ich hoffe sehr, dass Ihr mich dafür nicht verurteilt und versteht.

Also liebe Freunde, bitte genießt Euer Leben weiter, behaltet mich in guter Erinnerung und trinkt ein Glas auf mich!

Euer Peter

Übrigens: Ich habe bei meinem Notar ein Testament hinterlassen. Ewa wird alles, was ich besitze erben. Sie hat es verdient.

Ewa war fassungslos. Der Brief lag zwar im Papierkorb, vieles war mehrfach durchgestrichen und durch andere Worte ergänzt, aber offensichtlich der Entwurf für einen Abschiedsbrief.
Was sollte sie nur tun? Jetzt wo sie bereits alles schon wusste?
Lange stand sie still und überlegte. Das Geld, das sie heute bereits in der Hand hatte, hatte sich sehr gut angefühlt. Und da lag ja noch sehr viel mehr im Safe. Dann die Wohnung, die sicherlich viel wert war. Auch nicht schlecht!
Sie schüttete den Inhalt des Papierkorbs in ihren großen Müllsack, mit dem sie immer allen Unrat einsammelte und in den großen Müllcontainer vor dem Haus warf.
Ich ignoriere alles und lass den Dingen ihren Lauf, dachte sie und erledigte weiter ihre Hausarbeit.
Peter saß derweil mit Otto auf der Terrasse und unterhielt sich mit ihm angeregt. Er vertraute ihm an, dass er Ewa als seine Erbin in seinem Testament eingesetzt hatte.
»Weißt du, wie viel Steuern wir dem Finanzamt schon in den Rachen geworfen haben. Diesen Halunken!«, schimpfte er. »Und wenn ich niemanden als Erben bestimme, erbt alles der Staat. Das ist doch bei dir genauso, oder?«
»Da hast du eigentlich recht. Da habe ich noch gar nicht drüber nachgedacht.« Otto dachte eine Weile nach. »Die Idee gefällt mir! Das mache ich auch so. Ich habe ja auch niemanden, dem ich meine Wohnung

vererben könnte. Weiß denn Ewa schon davon?«
»Ja, ich habe ihr nur gesagt, sie soll es nicht an die große Glocke hängen. Als Gegenleistung erwarte ich ihre Hilfe bis an mein Lebensende.«
»Das ist eigentlich eine sehr gute Idee! Das könnte ich doch auch so machen. Sie kocht ohnehin schon für uns alle, meine Wohnung putzt sie einmal die Woche. Ich denk einmal drüber nach und rede dann mit ihr.«
»Mach das, Otto. Wer weiß, wie lange wir beide noch hier sind! Man sollte seine Dinge geregelt haben, wenn man mal abtritt!«

Frau Stegner

Martin hatte gut recherchiert, bevor sie in die Einfahrt der Villa einfuhren. Das Tor stand offen und an der Haustür erwartete sie eine alte, betont vornehme Dame. Sie trug ihr weißes Haar hochgesteckt, eine auffallende Smaragdkette umschlang ihren dünnen, faltigen Hals.

Ihre wässrig blauen Augen musterten die beiden Besucher eindringlich.

Martin und Milena fühlten sich förmlich von ihr durchleuchtet. Aber als sie zu lächeln anfing, umspielten Tausende kleine Fältchen ihren Mund und ihre Augen und hervorkam eine freundliche Ausstrahlung. Martin erinnerte sie an die englische Schauspielerin Vanessa Redgrave, die er in vielen Filmen bereits bewundert hatte.

»Willkommen! Sie sind also Milena und Martin! Freut mich sehr, Sie kennenzulernen. Ich bin Frau Stegner. Kommen Sie doch herein!«

Erst jetzt fiel ihnen auf, dass Frau Stegner am Stock lief.

Sie trauten ihren Augen nicht, als sie das sehr geräumige Wohnzimmer betraten, das durch bodentiefe Fenster den Blick in den Garten freigab. Die edle Einrichtung voller antiker Einzelstücke und die riesige Bücherwand waren beeindruckend und schüchterten besonders Milena etwas ein.

»O, wie schön Sie es haben«, murmelte sie verlegen.

»Haben Sie Angst vor Hunden«, fragte die Hausherrin.

»Aber nein, ich liebe Hunde!«, log Martin und schon öffnete Frau Stegner die Tür zum Nebenzimmer. Heraus sprang freudig ein aufgeregter Labrador, der Martin sofort ansprang und ableckte. Er musste seine ganze Schauspielkunst aufwenden, damit Frau Stegner nicht merkte, dass ihm das gar nicht recht war. Aber Milena war entzückt und rief den Hund gleich zu sich her.

»Wie heißt er denn?«

»Das ist Huschke! Genannt nach dem dcutschen Rcnnfahrer Huschke von Hanstein, der 1996 verstorben ist. Mein Mann war ein glühender Verehrer von ihm. Er kannte ihn noch persönlich. Seither heißen alle unsere Hunde Huschke«, sagte sie und zeigte dabei blütenweiße, bildschöne Zähne, die mit Sicherheit nicht echt waren.

Wer so wohnt, kann sich bestimmt auch teure Implantate leisten, dachte Martin, der schon für sein erstes und einziges Implantat einen Kredit hatte aufnehmen müssen.

Milena kraulte Huschke ausgiebig das Fell, und der war begeistert.

»Na, eine neue Freundin hast du ja schon gewonnen!«, meinte die Hausherrin.

Nun begann eine Fragestunde. Frau Stegner wollte alles genau wissen. Wie sie aufgewachsen waren, welche Schulbildung sie hatten, was sie genau bisher beruflich gemacht hatten und so weiter.

Augenscheinlich fand sie alles recht zufriedenstellend. Besonders gut schien ihr gefallen zu haben, dass

Milenas Bruder Polizist war. Das war für sie wohl so etwas wie ein Vertrauensvorschuss, der eine gewisse Redlichkeit bei den beiden voraussetzte.

»Ich muss sagen, ich finde Sie beide sehr sympathisch und könnte mir gut vorstellen, mit Ihnen hier zu leben.«

Martin schaute Milena begeistert an.

»Ich denke, ich zeige Ihnen erst einmal das ganze Haus. Für Sie hätte ich einen Extrabereich anzubieten. Es sind zwei separate Zimmer mit einem Bad und einer kleinen Terrasse.«

Die Führung durch das Haus schloss sich an und beide kamen aus dem Staunen nicht mehr heraus. So etwas Tolles hatten sie noch nicht gesehen. Selbst ein Hallenbad schloss sich dem Gebäude an.

»Hier schwimme ich täglich meinen Runden. Es würde Ihnen selbstverständlich auch zur Verfügung stehen. Dann lohnt es sich wenigstens etwas, denn die Kosten sind enorm.«

»Was genau würden Sie denn von uns verlangen?«, wagte sich Martin vor.

»Nun, bisher hatte ich drei Mal die Woche eine Putzfrau. Die hat aber gekündigt. Sie ist zurück in ihre Heimat. Einmal die Woche kommt ein Gärtner und macht hier, was nötig ist. Alles andere machte ich bisher allein. Das geht aber nicht mehr! Ich habe gesundheitliche Probleme mit meinem Bewegungsapparat, besonders mit dem Rücken. Deshalb auch das Schwimmbad. Außerdem bin ich über achtzig, da fällt einem alles nicht mehr so leicht wie früher. Lange

Rede, kurzer Sinn, ich erwarte von Ihnen, dass sie alle Aufgaben hier im Haus übernehmen, auch den Garten.«
Nun schaltete sich auch Milena ein.
»Ich bin aber noch im Beschäftigungsverhältnis. Wenn ich sofort kündige, könnte ich erst in sechs Wochen hier anfangen. Ich müsste das alles erst abklären, denn Urlaub habe ich ja auch noch zu kriegen. Martin ist ab sofort frei, da er sich als Pfleger selbstständig machen wollte.«
»Könnten wir nicht erst einmal eine Zwischenlösung finden, um auch zu sehen, wie es mit uns allen klappt. Die Chemie sollte schon stimmen«, sagte Frau Stegner.
Nun war es Martin, der diesen Job unbedingt haben wollte. Er bot ihr an, sofort für sie zu arbeiten. Alles, was er machen könnte, wollte er managen. Das heißt, er würde morgens kommen und abends gehen. Denn die Wohnung müsste ja auch noch gekündigt werden.
»Wenn es da finanzielle Probleme gibt, bin ich gern bereit, das zu übernehmen, falls wir uns für die Zusammenarbeit entschließen sollten.«
»Okay, ich schlage vor, dass ich schon morgen hier bei Ihnen anfange. Vielleicht kann ja Milena auch ganz schnell aus dem Vertrag heraus oder hat noch Urlaub zu bekommen. Das klärt sie morgen ab. Und wenn Sie damit einverstanden sind, kann sie ab morgen abends für uns alle kochen. Sie kocht übrigens gut! Haben Sie sich denn schon mal über die Modalitäten Gedanken gemacht?«

»Das ist erst der zweite Schritt! Erst müssen wir unsere Chemie klären, schließlich soll das alles bis zu meinem Ende funktionieren!«

Bei der Kosmetikerin

»Sie haben ja so eine zarte Haut! Ja, ja, die Rothaarigen sind schon etwas Besonderes«, lachte Ina, die junge, hübsche Kosmetikerin, die Ewa eine Maske aufgelegt hatte.

»Das muss jetzt erst mal zehn Minuten einziehen. Am besten Sie schließen die Augen und entspannen sich.«

Ewa genoss die Behandlung in vollen Zügen. Zum ersten Mal in ihrem Leben war sie bei einer Kosmetikerin und ließ sich von ihr verwöhnen. Sie hatte eine Grundversion gewählt und wollte erst einmal sehen, was da so alles passieren würde.

Zu Anfang wurde ihr Gesicht gereinigt, dem schloss sich ein Peeling an. Weiter ging es mit Wasserdampf, der die Haut aufweicht, um danach alle Hautunreinheiten zu entfernen. Danach kam der schönste Teil der Behandlung: Die Gesichtsmassage mit einer wundervoll duftenden Pflegeampulle, die in die Haut einmassiert wurde. Und nun war die Maske dran, der sich noch das Make-up anschließen würde.

»Haben Sie sich Strähnchen in die Haare einfärben lassen?«

»Ja, aber meine Haare nehmen die Farbe nicht so an, leider!«, meinte Ewa bedauernd.

»Lassen Sie doch Ihre Naturfarbe! Wenn ich so ein tolles Rot hätte, würde ich mir nie im Leben die Haare färben. Rothaarig sind doch was Besonderes!«

»Finden Sie? Mich haben sie als Kind immer gehänselt und mir ›marchewka' hinterhergerufen. Das heißt Karotte!«

»Ja, Kinder können grausam sein. Ich finde Rothaarige toll. Jetzt mache ich Ihnen noch ein tolles Makeup. Sie werden sehen, die Verehrer werden Schlange stehen!«
Als sie den Laden verließ, um etliche Hundert Euro leichter, sie hatte sich noch einiges an Kosmetik aufschwatzen lassen, fühlte sie sich unbeschreiblich. Sie hatte sich die Technik der Kosmetikerin ganz genau gemerkt, um sie zu Hause nachahmen zu können. Nachdem sie bereits zehn Kilo abgenommen hatte, fühlte sie sich leicht und beschwingt. Einfach ganz wunderbar! Sie hätte die ganze Welt umarmen können. In dieser positiven Stimmung kam sie auch nicht an der kleinen Boutique vorbei, die sie bisher ein wenig aus Unsicherheit vermieden hatte. Nun aber steuerte sie selbstsicher die dortigen Kleiderständer an und suchte sich mithilfe der aufdringlichen und super aufgedonnerten Verkäuferin ein paar teure Kleidungsstücke zur Anprobe aus.
»Ich nehme sie alle!«, rief sie der verblüfften Verkäuferin zu, die danach vor lauter übertriebener Zuvorkommenheit geradezu zerfloss.
Was soll's, ich hab's ja, dachte sie vergnügt und fasste in ihre Handtasche, in der sie Peters Geldbündel fühlen konnte.

Gewitter

Ewas gute Laune setzte sich den ganzen Abend über fort. Ihre Männer waren, wie nicht anders zu erwarten, begeistert von ihrem Aussehen. Besonders Hans konnte seine Augen nicht von ihr abwenden, was sie unauffällig, aber sehr genau registrierte. Dann hat sich die investierte Unsumme ja gelohnt. Und wenn sie ehrlich zu sich selbst war, hatte sie sich speziell für ihn so herausgeputzt.

Otto ging es auch heute nicht besonders gut. Er hatte große Atemprobleme; er zog geräuschvoll Luft ein und aus. Ewa machte deshalb Peter den Vorschlag, dass Otto doch, zur besseren Beobachtung, noch ein paar Tage hier oben bei ihnen bleiben sollte. Sonst wäre er allein in seiner Wohnung und niemand könnte ihm zu Hilfe kommen.

Peter hatte schon selbst daran gedacht und fand die Idee gut, zumal ihn Otto um Ansicht seines Notarvertrags gebeten hatte. Er wollte ihn mit dem gleichen Vertrag für seine Wohnung beauftragen. Passend war, dass der Notar noch in dieser Woche zu ihm in die Wohnung kommen wollte. Das machte er ausnahmsweise, da Peter durch seine Krankheit behindert war. Ewa musste dann beide Verträge auch noch unterschreiben. Da konnte man gleich zwei Fliegen mit einer Klappe schlagen.

Aber Otto hatte Ewa noch nichts davon erzählt. Er wollte sie bei passender Gelegenheit damit überraschen. Er hatte sich länger mit Peter über Ewas Kindheit und Jugend unterhalten. Sie hatte ihnen allen in

Italien abends auf der Terrasse ausführlich von den vielen Dramen in ihrem Leben berichtet. Nur die verhängnisvollen Umstände beim Tod ihres Vaters hatte sie natürlich ausgeklammert.

Otto und Peter waren sich einig, dass Ewa es verdient hatte, nun etwas mehr Glück im Leben zu haben. Sie mochten sie beide sehr gern und die nun angestrebte Lösung erfüllte sie irgendwie mit Freude. So wussten sie beide, dass ihr Leben nicht ganz so ohne Sinn und Zweck gewesen war. Es fühlt sich gut an, gerade so, als würde man seinem eigenen Kind etwas vererben. Das Gleiche hatte wohl auch Karl gedacht und damit gleichzeitig seinen Verbleib in seinem Zuhause gesichert. Ganz genauso wie sie beide. Keiner von ihnen wollte in ein unpersönliches Heim, egal wie luxuriös es auch sein mochte. Man war dort immer nur eine Nummer und Geldquelle auf dem Weg zum Sarg.

Dass es Ewa auch gut gefiel, konnte man allein an der Tatsache sehen, wie sehr sie sich vom Mauerblümchen zur edlen Rose verwandelte. Nicht nur äußerlich war sie mittlerweile eine Augenweide. Nein, sie hatte sich auch geistig weitergebildet, las viele Bücher und konnte mittlerweile sehr gut bei vielen Themen mitreden.

Im Grund genommen waren sie sogar etwas stolz auf Ewas Entwicklung. Dazu hatten sie ja alle etwas beigetragen.

»Kommt, lasst uns noch ein bisschen Scrabble spielen, das macht doch Spaß«, forderte sie die Männer auf.

»Gute Idee!«, meinte Otto. »Auf die Terrasse können wir uns eh nicht setzen. Es wird gleich ein Gewitter geben. Dahinten kommt schon eine große Gewitterfront auf uns zu.«
Kurz danach ging das Naturschauspiel auch schon los. Es kam ein heftiger Wind auf. Der Himmel verfinsterte sich und schwarz aufgetürmte, näher rückende Wolkenberge, kamen bedrohlich auf sie zu. Es dauerte nicht lange, bis die ersten Tropfen fielen, denen folgte ein laut trommelnder Wolkenbruch. Danach gewaltige Blitze mit anschließendem Donner, der sie alle verstummen ließ.
»Hast du drüben alle Fenster zu, Hans?«, fragte Ewa etwas ängstlich, die so ein Schauspiel wie hier oben in der Penthousewohnung noch nie erlebt hatte.
Hans rannte schnell nach drüben. Ewa rannte hinter ihm her.
Otto kümmert sich derweil darum, in Peters Wohnung alle Fenster zu schließen.
Ewa und Hans fanden umgerissene Pflanzenkübel sowie durch die Luft geflogene Dekorationen vor.
»Lass alles liegen, Ewa, bei diesem Wetter können wir nicht raus. Wir schließen nur mal alle Fenster.«
Beide rannte aufgeregt durch die Wohnung und überprüften jedes Zimmer. Der Wind hatte die Vorhänge aufgebläht und Regen schlug ins Zimmer.
Völlig fertig standen sie sich nach getaner Arbeit gegenüber, denn fast alle Fenster waren aufgrund der spätsommerlichen Wärme geöffnet gewesen.
»Puh, das war knapp!«

Ewa stand etwas durchnässt vor Hans, der seine Augen nicht von ihrem Busen abwenden konnte.
»Weißt du, dass deine Bluse nass und durchsichtig ist?«, grinste er.
»O!« Ewa kreuzte ihre Arme vor der Brust und grinste verlegen zurück.
Diesen Moment nutze Hans aus, umschlang sie fest mit seinen Armen und versuchte sie zu küssen, was sie wiederum abwehrte.
»Ewa, Ewa, meine Ewa«, flüsterte er in ihr Ohr und in dieser Sekunde vergaß sie, was sie sich vorgenommen hatte. Ein Schauer durchlief ihren Körper und auch sie presste sich an ihn, während er erneut ihren Mund suchte.
»Endlich!«, war das Einzige, was er noch sagen konnte, bevor sie sich beide wild knutschend auf das Sofa warfen.

Milena und Martin packen

»Hallo Schatz, wie war dein Tag?«

»Stressig wie immer«, antwortete Milena, die gerade erst hereingekommen war. Sie schleuderte ihre Schuhe in die Ecke und warf ihre Tasche auf den kleinen Flurschrank.

»Aber ich habe gute Nachrichten. Ich kann zum nächsten Ersten schon aufhören, da ich noch alten Urlaub vom letzten Jahr übrig hatte. Ich hoffe nur, dass das auch alles mit Frau Stegner klappt. Nicht dass sie nach ein paar Tagen sagt: ›das war's, sie gefallen mir nicht!‹ Dann würden wir dumm dastehen.«

»Mach dir keine Gedanken, wir verstehen uns prächtig. Frau Stegner hat schon festgestellt, dass ich sehr geschickt in vielen Dingen bin. Ich habe mich auch sehr angestrengt. Schließlich ersetzen wir ihr das ganze bisherige Personal. Ich glaube, wir haben mit ihr das große Los gezogen!«

»Ich habe es eben im Aufzug auch Ewa erzählt. Sie fand das auch total toll für uns, die Grand Dame!«

»Na, höre ich da etwa etwas Neid heraus?«

»Na ja, wie die sich gemausert hat, ist schon nicht zu übersehen. Wie eine Diva sieht die doch jetzt aus!«

Milena verzog angesäuert ihr Gesicht. Es fuchste sie doch gehörig, dass sich Ewa so vom hässlichen Entlein zum schönen Schwan entwickelt hatte. Früher war es immer umgekehrt. Sie fühlte sich ihr in allem immer haushoch überlegen und das war nun völlig andersherum. Konnte sie sich damals wichtiger und schöner vorkommen, so war es nun Ewa, die ihr

sagte, wo es langgeht. Das war schwer zu verdauen. Und was die nun für tolle Sachen hat, dachte sie, teuren Schmuck, schöne Klamotten, einen alten Mercedes und dazu noch Geld auf dem Konto. Schließlich hat sie alles mir zu verdanken.
»Du wirst sehen, Schatz, bald läufst du auch so schick rum. Wir kommen auch groß raus, glaub mir!«
Martin drückte sie an seine Brust und streichelte ihr Haar. Dann klatschte er in die Hände!
»So, jetzt geben wir mal Gas! Hopp, hopp, ich habe schon Umzugskartons eingekauft. Wir packen!«
»Was wird denn mit dem Mietvertrag? Wir haben doch Fristen einzuhalten!«
»Auch das hat Onkel Martin geklärt!«, sagte er theatralisch mit geschwollener Brust auf Beifall wartend. »Wir haben bereits einen Nachmieter. Es ist der Oliver aus der Geriatrie. Den kennst du auch. Der mit der Halbglatze und dem Ohrring.«
»Ach was, das ist ja toll!«
»Übrigens, unser Gehalt habe ich auch schon mit Frau Stegner ausgehandelt. Sie zahlt jedem von uns tausendzweihundert Euro auf die Hand. Erst mal schwarz. Wenn wir dann einen festen Vertrag machen, erhalten wir zusammen dreitausendzweihundert brutto. Essen, Wohnen, Auto, alles frei! Und das Tollste weißt du noch gar nicht: Sie hat noch ein kleines Ferienhaus auf Mallorca. Da können wir mal Urlaub machen und das gehört zu dem ganzen Ensemble noch dazu. Na, was sagst du jetzt!«

Milena war sprachlos und lachte ihm glücklich entgegen.

»Und hier ist auch der Entwurf für den Notar. Es steht alles so drin, wie wir es wollen. Nach ihrem Tod erben wir alles!«

»Martin, du bist der Größte!«

»Genau das wollte ich hören!«

Verliebt

Der Herbst zeigte seine volle Schönheit. Ewa schaute in die Ferne und sah in den bunten Blätterwald des nahen Taunus. Ein frischer Wind wehte auf die große Terrasse. Sie hatte sich bereits eine Strickweste übergezogen und hing ihren Gedanken nach.

Was für ein Glück sie erleben durfte. Nie im Leben hätte sie vermutet, dass sie eines Tages als wohlhabende Frau in Deutschland leben und sich auch noch in einen so viel älteren Mann verlieben würde.

Und das war sie. Verliebt bis über beide Ohren in Hans, den sie bisher zwar nur voller Hingabe geküsst hatte. Mehr nicht. Aber nur, weil sie ihm zeigen wollte, dass sie nicht so leicht zu haben ist. Schließlich war er immer noch ein verheirateter Mann mit einer todkranken Frau. Aber wenn sie ehrlich zu sich selbst war, musste sie sich schon sehr beherrschen, um sich ihm nicht willenlos hinzugeben. Es war ein unbeschreiblich schönes Gefühl, als er sie zärtlich an ihren erogenen Zonen berührte. Gänsehaut! Das kannte sie von Tomasz nicht. Er war ein gefühlloser Draufgänger, der ohne Vorspiel sofort zur Sache kam. Als sie damals mit Milena darüber geredet hatte, sagte die nur: »Einmal dünn drüber und fertig!«. Genauso war es. Rein und raus, basta! Tomasz hatte sie nie zärtlich hinter dem Ohr geküsst oder ihre Brustwarzen gestreichelt. Als Hans‘ Hand ganz langsam ihren Schenkel nach oben glitt, zerfloss sie fast vor Erregung. Sie wusste überhaupt nicht, dass es so unvergleichliche Gefühle geben konnte.

Ja, Hans wusste, wie er eine Frau erregen konnte. Er war bestimmt ein erfahrener und wundervoller Liebhaber. Und dennoch stoppte sie ihn in letzter Sekunde. Schwer atmend flüstere sie ihm mit zittriger Stimme ins Ohr: »Du musst warten Hans, bitte, das dürfen wir nicht. Du bist doch noch verheiratet. Das haben wir doch ausgemacht.«

Tatsächlich reagierte er und wanderte mit seinen Händen zu ihrem Gesicht, das er liebkoste und erneut küsste.

»Aber küssen muss erlaubt sein«, flüsterte er erregt in ihr Ohr und drückte sie ganz fest an sich. Dabei konnte sie genau spüren, was sich unterhalb der Gürtellinie bei ihm abspielte.

An diesem Abend wurden sie durch den Pflegedienst gestört. Der ›Schnelle Harry‹ kam kurz nach dem Eintreten aufgeregt aus Ankes Zimmer gerannt.

»Was ist denn hier passiert? Der Zuleitungsschlauch Ihrer Frau ist am Mageneingang abgerissen. Es blutet aus der Wunde und die Nahrung ist auf dem Boden ausgelaufen«, rief er hektisch.

Erst jetzt bemerkten auch Hans und Ewa, dass eine Windbö wohl den Ständer umgerissen und dabei den Schlauch abgerissen hatte.

»O je, was kann man nun tun?«, fragte Hans.

»Wir müssen einen Krankenwagen kommen lassen. Die PEG-Sonde muss neu angelegt werden. Das ist leider notwendig. Die Wunde muss auch versorgt werden. Ich rufe gleich mal an.« Kurz danach wurde Anke ins Krankenhaus abtransportiert.

Notarvertrag

Der Notar hatte gerade die Wohnung verlassen. Otto, Peter und Ewa saßen noch am Esstisch zusammen und sortierten die Aufzeichnungen der beiden Männer.

»Ich bin wirklich sprachlos! Ihr seid so lieb und wirklich großzügig. Ich weiß gar nicht, was ich sagen soll. Vielen, vielen Dank!«

Dass Peter sie als Erbin einsetzen wollte, wusste sie ja bereits. Aber dass auch Otto diesen Schritt gemacht hatte, war einfach phänomenal. Insgeheim rechnete sie im Kopf mal durch, was das alles für sie bedeutete. Die Wohnungen von Karl und Otto waren jede rund einhundertfünfzigtausend Euro wert. Die von Peter bestimmt zweihundertfünfzigtausend, insgesamt fünfhundertfünfzigtausend. Dazu noch der Inhalt des Safes. Alles zusammen also so über siebenhundertfünfzigtausend. Dann noch der ganze Schmuck von Else und Peters Mutter. Sie war überwältigt. Ich bin reich! Superreich! Wenn ich dann mal alle Wohnungen vermiete, muss ich überhaupt nicht mehr arbeiten! Das werde ich Milena aber vorerst nicht erzählen. Die schaut mich in letzter Zeit immer so neidisch an!

Ewa umarmte Otto, der sich das nur allzu gern gefallen ließ und drückte ihm einen dicken Kuss auf die Wange.

»Ich fand die ursprüngliche Idee von Karl auch gut. Zu wissen, dass da jemand ist, der sich bis zum Ende um einen kümmert, ist irgendwie beruhigend. Wer will schon in ein Heim? Außerdem würde meine

Rente dafür auch nicht ausreichen. Es freut mich, dass es dich freut!«, lachte Otto.
»Komm, hol mal ein paar Gläser. Das muss doch gefeiert werden, was Peter!«
»Aber klar! Da steht noch eine Flasche Champagner im Kühlschrank. Die köpfen wir jetzt! Und für morgen Abend werden wir mal ein Festessen einplanen. Mit allem Drum und Dran.«
Peter war erleichtert, dass nun alles unter Dach und Fach war. Sein Nachlass war geregelt. Dem Staat hatte er sein Erbe verweigert und das war gut so. Dass er morgen Abend seine letzte Mahlzeit einnehmen wollte, behielt er für sich. Noch einmal einen schönen Abend mit allen verbringen und anschließend der schönen Welt ›Auf Wiedersehen‹ sagen, das war sein Plan. Diesen Entschluss hatte er am Morgen gefasst, als er erneut Ewa bitten musste, seine Hose hochzuziehen. Das empfand er so erniedrigend. Und das wäre ja erst der Anfang der Demütigungen, die unweigerlich folgen würden. Dazu war er nicht bereit. Er hatte sich bereits alles zurechtgelegt. Gleich nach dem allgemeinen Zubettgehen wollte er Suizid begehen. Einen Abschiedsbrief hatte er bereits geschrieben und Ewa eine Liste vieler Adressen hinterlegt, bei denen er abgemeldet werden musste. Er hatte an alles gedacht. Merkwürdigerweise war er innerlich ganz ruhig. Überhaupt nicht aufgeregt, was eigentlich zu erwarten gewesen wäre.
Ich hinterlasse alles geordnet, so wie man es von mir gewohnt ist, dachte er zufrieden und prostete Otto zu,

der ihn durch ein »Prosit Peter« aus seinen Gedanken riss.

Ewa war völlig überdreht. Die ganze Angelegenheit hatte sie in Hochstimmung versetzt. Sie fühlte sich, auch bedingt durch den Alkohol, nicht in der Lage heute zu kochen.

»Wisst ihr was, wir bestellen heute Abend mal was vom Italiener. Der Italiener in der City hat einen Lieferservice. Eine Speisekarte hat er neulich in allen Briefkästen verteilt. Ich habe sie aufgehoben. Wartet, ich hole sie!«

Sie rannte in die Küche und kam mit der Speisekarte zurück.

»Ich hole gleich mal Hans rüber, damit er sich auch was auswählen kann.«

Hans staunte nicht schlecht, als er die leicht alkoholisierten Freunde antraf. »Na, gibt's was zu feiern?«, fragte er unwissend.

»Darf ich es sagen?«, fragte Ewa und schaute beide abwartend an.

»Natürlich, wir haben doch keine Geheimnisse voreinander, gell Peter.«

»Also wir feiern gerade zwei Notarverträge. Peter und Otto haben mich auch als Erbin eingesetzt. Ist das nicht toll?«

Jetzt war es an Hans, ein verblüfftes Gesicht zu machen.

»Das ist ja prima! Na klar, so wisst ihr wenigstens, dass nicht der Staat alles einkassiert. Die machen sich doch schon genug die Taschen voll!«

Nachdem der Lieferservice angerückt war, befanden sie sich derart in Champagnerlaune, dass sie mit großem Appetit alles bis zum letzten Krümel aufaßen.
Otto holte anschließend noch seine Gitarre und sang seine altbekannten Lieder. Alle, sogar Peter, grölten die mittlerweile auswendig gelernten Texte mit.
Als Ewa Hans zum Abschied noch hinüberbegleitete, küssten sie sich erneut und Hans flüsterte ihr ins Ohr: »Nun wirst du schon bald eine reiche Frau sein. Vielleicht sollte ich dich heiraten.« Ewa lachte laut. »Solange du noch verheiratet bist, kannst du mich auch nicht heiraten, mein Lieber.«
Dann küsste sie ihn auf die Nasenspitze und ging zurück in ihr Zimmer.

Peters Abschied

Die Ereignisse am Freitag überschlugen sich.

Ewa wollte Peter am Morgen zum Frühstück holen und fand ihn voll bekleidet mit Fliege in seinem Bett sitzend vor.

»Peter, was ist, warum bist du nicht im Rollstuhl?«

Sie erhielt keine Antwort. Erst beim Näherkommen erkannte sie, dass er nicht mehr atmete. Er lehnte mit dem Rücken und einem entspannten Gesichtsausdruck an dem gepolsterten Kopfteil seines Boxspringbettes, gerade so, als würde er ein Mittagsschläfchen machen.

Mein Gott! Er hat es tatsächlich getan!

Nun musste sie sich erst einmal beruhigen und setzte sich in den nebenstehenden Sessel. Der Anblick des Toten ließ ihr einen Schauer über den Rücken laufen. Aber es war anders als bei ihrer Mutter, die sie in den letzten Sekunden vom Leben in den Tod begleitet hatte. Die überwältigenden Gefühle, die sie damals empfand, blieben bei Peter aus. Auch anders als bei dem toten Vater, bei dem ihre Schuldgefühle dominierten. Mit Peter, der stets sehr zurückhaltend und reserviert war, verband sie gefühlsmäßig wenig. Er war ein verschrobener Kauz und es war mehr eine geschäftsmäßige Beziehung zwischen ihnen. Wenn sie ehrlich zu sich selbst war, konnte sie ihn nie besonders leiden.

Sie analysierte ziemlich rational die Situation.

Jetzt war das eingetroffen, was Ewa schon länger vermutete. Schließlich hatte sie seinen Abschiedsbrief im

Entwurf bereits gelesen. Sie sah sich im Raum um und tatsächlich lag auf der kleinen Kommode ein Briefumschlag.
An meine Freunde stand darauf mit akkurater Handschrift.
Ewa las den Brief erneut. Er unterschied sich in nichts von dem damals Gelesenen.
Was war nun zu tun?
Ihr erster Gedanke galt den Männern, die sie informieren musste. Aber bereits ihr zweiter Gedanke galt sich selbst und ihrem Erbe.
Unfassbar! Ich bin eine reiche Frau!
Dann fiel ihr ein, dass sie am besten erst einmal das ganze Geld aus dem Safe nehmen sollte, bevor hier die Polizei herumschnüffelte. Die würde sie ja informieren müssen. Den Safe-Code hatte sie sich bereits schon damals notiert.
Sie leerte erst einmal den Safe und deponierte das ganze Geld in einem kleinen Koffer in ihrem Schrank. Lediglich ein paar Dokumente ließ sie im Safe liegen. Das sah glaubwürdiger aus. Dann ging sie hinüber zu Hans und holte ihn zu Hilfe.
Er war sehr aufgeregt und rannte in Peters Schlafzimmer, um sich das Drama anzusehen.
»Was ist heute nur los?«, rief er niedergeschlagen. »Gestern Abend haben sie mich vom Krankenhaus angerufen und darüber informiert, dass Anke eine schwere Sepsis hat und ihr Leben nicht mehr zu retten ist. Ich muss deshalb auch gleich ins Krankenhaus fahren.«

»O Gott, wirklich?« Ewa schaute ihn mitleidig an.
»Nur noch Tote um einen herum!«, stöhnte er.
»Aber ich bleibe natürlich erst einmal da, bis die Polizei kommt.«
Sie beschlossen, Otto, der seit gestern wieder unten in seiner Wohnung schlief, erst später zu informieren. Sie befürchteten, dass er sich zu sehr aufregen könnte.
»Wir müssen die Polizei anrufen!«
»Nicht erst mal den Notarzt?«, frage Ewa.
»Nein, dass er tot ist, kann man doch sehen. Da ist die Polizei die richtige Adresse.«
Hans griff bereits zum Telefon und rief die 110 an. Er schilderte dem Beamten, dass hier ein Suizid passiert war, der eben erst entdeckt wurde. Sie wollten umgehend Beamte vorbeischicken.
»Lass bitte alles genau so, wie es jetzt ist! Die schicken bestimmt einen Pathologen mit, der die Leiche untersucht. Am besten, du setzt dich wieder ins Wohnzimmer und wartest in Ruhe ab.«
Dann erst ging Hans hinunter zu Otto, um ihn vorsichtig zu informieren.
Als Hans wieder nach oben kam, war er sehr blass.
»Und, wie hat Otto reagiert?«
»Der ist völlig fertig, wie du dir vielleicht vorstellen kannst. Er war noch im Bett und kommt etwas später hoch.«
»Möchtest du auch einen Kaffee?«
»Ehrlich gesagt, wäre mir ein Schnaps jetzt lieber! Kaffee hatte ich schon genug heute Morgen.«
Es dauerte nicht lange, bis Polizeibeamte eintrafen.

Routiniert begutachteten sie die Situation. Tatsächlich war auch ein Pathologe dabei, der Peter einer gründlichen Untersuchung unterzog.
Hans und Ewa blieben im Wohnzimmer zurück und wurden von einem der Beamten befragt.
Ewa gab ihm den Abschiedsbrief und schilderte ihm die Zusammenhänge mit Peters Krankheit und dass er es nicht ertragen konnte, angefasst zu werden.
Dann wurde Ewa eingehend befragt. Welche Tabletten hat er gewöhnlich eingenommen? Wie heißt sein Arzt? Wann genau haben sie ihn gefunden? Und so weiter.
Der Polizist ging aufgrund des Briefes davon aus, dass es Selbstmord war.
Als er aber nachfragte, ob sie wisse, wer sein Erbe antreten würde, schaute er Ewa nachdenklich an. Er verschwand ins Schlafzimmer und redete mit dem Pathologen.
Ewa wagte einen Blick in das Sterbezimmer und sah, dass der Pathologe und der Polizist sich über den Toten gebeugt hatten und miteinander flüsterten.
»War der Tote zuckerkrank?«
»Ja, er hat sich täglich Insulin gespritzt!«, antwortete Hans für Ewa, der sich bisher sehr zurückgehalten hatte.
Nachdem alle Formalitäten und die Personalien notiert waren, räumten die Beamten ihre Gerätschaften wieder zusammen.
»Wir müssen die Leiche mit in die Pathologie nehmen, um die genaue Todesursache zu ermitteln. Erst

wenn die genau feststeht, können wir Ihnen einen Totenschein ausstellen.«
Peter wurde kurz darauf in einem Sarg aus der Wohnung getragen. Hans, der bisher ziemlich regungslos das Geschehen verfolgt hatte, sah Ewa bekümmert an.
»Ich fahre jetzt gleich mal in die Klinik. Mal sehen, was da für eine Hiobsbotschaft auf mich wartet.«
Er nahm Ewa fest in die Arme und küsste sie auf den Kopf.
»Am besten du legst dich etwas hin und ruhst dich aus. Das war doch alles ein bisschen viel so früh am Morgen!«
»Genau das werde ich jetzt tun. Ich bin völlig fertig!«
Ewa gab ihm einen Kuss auf die Lippen und drückte ihn zur Tür hinaus.

Otto und Anke

Ewa hatte tief und fest geschlafen. Die Ereignisse zuvor hatten sie völlig überfordert. Dass die Polizei kommen musste, hatte sie eingeschüchtert. Schon ein Leben lang waren Menschen in Uniform für sie furchteinflößend. Was wohl daran lag, dass ihr Vater von der Polizei oft nach Hause gebracht wurde. Immer dann, wenn er wieder einmal irgendwo randaliert hatte. Das Auftauchen von Amtsträger war somit für sie immer mit Unannehmlichkeiten verbunden. Dass man in Deutschland die Polizei ›Dein Freund und Helfer‹ sagte, konnte sie demnach nicht bestätigen.

Laut gähnend bewegte sie sich ins Bad, um sich frisch zu machen. Ein Blick in den Spiegel genügte, um sich selbst ihren jämmerlichen Zustand klar zu machen.

Die absolute Stille irritierte sie ein wenig, als sie nach einer erfrischenden Dusche barfuß durch die Wohnung lief.

»Das gehört jetzt alles mir. Danke, Peter!«, flüsterte sie und streifte mit der Hand über die wertvollen antiken Möbelstücke.

Was die wohl wert sind?

Sie ging zurück ins Bad und machte sich sehr sorgfältig zurecht.

Hans müsste allmählich zurück sein.

Für ihn wollte sie besonders schön aussehen. Es ging ihr mit einem Mal nicht mehr aus dem Kopf, was er heute Morgen zu ihr gesagt hatte: Ankes Leben ist nicht mehr zu retten!

Das hatte er in der Tat gesagt. Erst jetzt wurde ihr, nach all der Aufregung heute Morgen, die Bedeutung der Worte klar.
Das heißt, dass er schon bald frei sein wird. Frei für sie!
Sie lief aufgewühlt in ihr Zimmer und öffnete den kleinen Koffer, in dem sie das Geld aus dem Safe versteckt hatte.
Langsam legte sie die Fünfhunderteuro-Scheine, einen nach dem anderen, von links nach rechts und zählte laut das Ergebnis laut mit.
Es waren genau zweihundertzwanzigtausend Euro plus das Geld, das sie bereits von Peter erhalten hatte. Also mehr als zweihundertdreißigtausend Euro insgesamt.
Sie konnte es kaum fassen.
Ein unheimliches Glücksgefühl durchströmte sie. Dann fiel ihr ein, dass sie sich Peters Ordner noch vornehmen sollte.
Peter hatte ja alles akribisch aufgeschrieben, was nach seinem Tod zu tun sei.
Aber zuerst brauchte sie den Totenschein. Diese Zeit musste sie noch abwarten. Es konnte ja nicht so lange dauern, bis sie die Todesursache festgestellt hatten. Sie zog sich den Ordner mit der Aufschrift Bank heraus und schaute sich die letzten Auszüge an. Das war die nächste Überraschung für sie. Auch hier stand eine Summe, die ihr eine Schnappatmung verpasste: rund einhundertdreiundzwanzigtausend Euro Guthaben stand auf den Bankbeleg.

Nun war sie völlig aus dem Häuschen. Sie holte sich einen Schreibblock und addierte alle Summen.
Mit dem Restgeld von Karl und ihren eigenen paar Kröten kam sie auf fast vierhunderttausend Euro.
Sie hüpfte völlig aufgedreht durch die Wohnung, bis ihr einfiel, dass sie ja davon die Erbschaftsteuer bezahlen musste.
Das war ein deutlicher Dämpfer!
Das Finanzamt setzte dann den Verkehrswert der Immobilie fest plus das vorhandene Barvermögen. Nach Abzug eines Freibetrags von zwanzigtausend musste sie immerhin am Ende mit dreißig Prozent Steuern rechnen. Das wusste sie schon von Karl.
Glücklicherweise wusste niemand von dem Barvermögen im Safe. Das war sehr gut! Aber, da beißt die Maus keinen Faden ab: Da fließt wieder ganz schön viel Geld an das Finanzamt.
Wo bleibt eigentlich Otto?
Es waren doch bereits mehrere Stunden vergangen, nachdem die Polizei mit Peters Leiche fortgegangen war.
Da stimmt doch was nicht!, dachte sie unsicher. Sie nahm Ottos Hausschlüssel vom Brett und fuhr mit dem Aufzug runter zu Ottos Wohnung.
Zuerst klingelte sie Sturm. Als niemand öffnete, schloss sie entschlossen die Wohnungstür auf und rief seinen Namen.
Als keine Antwort kam, ging sie zielsicher in sein Schlafzimmer und fand Otto mit geöffnetem Mund tot in seinem Bett vor.

Das war eindeutig zu viel für ihre Nerven. Sie schrie laut auf und warf sich weinend in den nebenstehenden Sessel.
»O nein, nicht schon wieder!«, wimmerte sie.
Als sie sich einigermaßen beruhigt hatte, rief sie diesmal die Telefonnummer 112 an. Sie forderte einen Notarzt an, wohl wissend, dass es zu spät war.
Wieder musste sie warten, bis die Helfer eintrafen. Die stellten eindeutig fest, dass es sich um einen plötzlichen Herztod handelte, und überreichten ihr sofort den Totenschein.
Ein Bestattungsunternehmen holte Otto schon bald danach ab.
Kreidebleich und völlig fertig fuhr sie mit dem Aufzug wieder nach oben. Dort saß sie noch unbeweglich und starr vor sich hinschauend, bis es an der Wohnungstür klingelte.
Es war Hans, dem sie sich sofort weinend in die Arme warf.
»Was ist denn los? Ist das alles noch wegen Peter?«
Sie war nicht fähig, seine Frage zu beantworten, und schluchzte weiter vor sich hin.
»Warte, ich hol dir erst mal einen Cognac! Du bist ja völlig durch den Wind!«
Als sie sich etwas beruhigt hatte und von Ottos Tod erzählte, brauchte auch Hans einen großen Cognac. Auch er hatte plötzlich Tränen in den Augen.
»Das gibt es doch nicht, zwei Tote an einem Tag! War es Herztod?«
Ewa nickte stumm.

Lange starrten beide vor sich hin, bis Hans ihr erzählte, dass sie schon früher mal darüber gesprochen hatten, wie sie beerdigt werden wollten.
Bei Karl war ja klar, dass er in das Grab seiner Frau wollte. Aber alle anderen wollten sich gemeinsam einen Freundschaftsbaum in einem Friedwald kaufen.
»Das müssen wir dem Bestattungsunternehmen mitteilen. Die organisieren das dann alles.«
Er erklärte Ewa, was ein Friedwald war und wie das funktionierte.
»Das ist ja eine tolle Idee, finde ich.«
»Man kann sich den Baum auch aussuchen. Das sollten wir gleich diese Woche machen, denn das wird auch für mich und Anke der letzte Platz sein.«
»Was ist denn nun mit Anke?«
»Das wird unser nächster Todesfall sein. Sie wird diese Woche nicht überleben!«
»O nein, das ist ja die Woche des Todes. Welch unglückliche Zufälle!», murmelte Ewa kopfschüttelnd vor sich hin.
»Aber, außer bei Peter, eigentlich doch vorhersehbar. Otto war alt und herzkrank. Da musste man jeden Tag damit rechnen. Und Anke liegt seit zwei Jahren im Koma. Es ist doch eine Erlösung für sie.«
»Ja! Peter wollte sich nicht helfen lassen, sonst hätte er bestimmt noch einige Jahre leben können.«
»Aber, was wäre das für ein Leben für ihn gewesen. Ich kann ihn verstehen. Ich möchte auch nicht mal so hilflos wie er sein. Lieber ein Ende mit Schrecken als ein Schrecken ohne Ende!«

Er nahm Ewa erneut in den Arm und streichelte zärtlich ihr Gesicht.

»Ich nehme dir den ganzen Papierkram ab«, sagte er noch. »Du bist nicht allein. Ich bin immer für dich da!«

Freundschaftsbaum

Die ganze Woche über blies ein kalter Wind. Regen wechselte sich mit wenigen Aufhellungen ab. Auch die Sonne ließ sich mal kurz sehen. Aber der Herbst verabschiedete sich mehr und mehr und die dunklen Tage brachen wieder an.

Ewa und Hans warteten auf besseres Wetter, um sich einen Freundschaftsbaum in dem am nächsten gelegenen Friedwald auszusuchen. Sie entschieden sich für Friedwald Weilrod im Taunus, der vom Weiltal bis auf die Höhen von Heinzenberg reichte. Vor nicht allzu langer Zeit hatte der ›Klub der fröhlichen Oldies‹ einen Ausflug in diese reizvolle Landschaft gemacht. Der herrliche Ausblick Richtung Süden über die Berghänge bis nach Treisberg und den Feldberg hatte damals alle begeistert. So schien es ihnen nur richtig, diesen Ort ausgewählt zu haben.

Als das Wetter sich besserte, betraten sie kurz danach das Gelände des Weilroder Friedwalds. Es war ihnen klar, dass sie erst das Ergebnis von Peters Obduktion abwarten mussten. Aber Otto war ja bereits vom Bestattungsunternehmen abgeholt worden. Sie wussten Bescheid, dass auch noch ein weiterer Tote zu ihnen kommen sollte und beide im Friedwald beerdigt werden sollten.

Sie schlenderten mit einem Förster zum Besichtigungstermin durch das Waldgelände und achteten auf ein blaues Band an den Bäumen. Die Farbe Blau bedeutete, dass es sich um einen freien Familien- oder Freundschaftsbaum handelte. Man konnte sich also

einen Baum selbst aussuchen. Der Preis richtete sich dann je nach Stärke, Art und Lage des Baumes. Je dünner der Stamm und je weiter er von einem Weg entfernt war, umso kostengünstiger war er. Aber danach schauten sie nicht. Sie wollten einen schön gewachsenen Baum, der gut zugänglich war. In seinem Wurzelbereich sollten dann die verrottbaren Urnen eingegraben werden.
Grabschmuck und dergleichen war nicht erlaubt. Lediglich Namenstafeln aus Aluminium durften angebracht werden.
»Das ist genau das Richtige für den ›Klub der fröhlichen Oldies‹«, meinte Hans, als sie vor einer riesigen Eiche mit blauem Band standen.
»Hier gefällt es mir. Schließlich werde ich hier auch mal liegen!«
»Sag doch sowas nicht!«
»Wieso, das ist doch die Wahrheit. Wir suchen uns einen Platz für alle aus. Der nächste Trauerfall wartet doch schon auf uns. Schon vergessen? Anke wird die Nächste sein.«
»Du sagtest, dass der Platz für neunundneunzig Jahre reserviert ist?«
»Ja! Das dürfte reichen!«
»Dann werde ich auch mal hier liegen«, meinte Ewa und schmiegte sich fest an Hans an.
Sie veranlassten, dass der ausgesuchte Baum vertraglich fixiert wurde. Alles Weitere sollte danach die Pietät regeln. Die Beisetzung wollten sie hier vor Ort durchführen lassen.

Auf der Heimfahrt kam dann die nächste erwartbare Hiobsbotschaft. Eine Krankenschwester aus der Klinik bestellte Hans ins Krankenhaus. Er möge bitte schnellstens vorbeikommen. Seine Frau sei soeben verstorben.

Oranienstraße

In der Oranienstraße lief alles wie geschmiert. Frau Stegner entpuppte sich als freundliche, tolerante Dame, die im Wesentlichen ihre Ruhe und möglichst wenig belästigt werden wollte. Sie lebte in ihrer eigenen Welt, mit vielen Büchern und klassischer Musik.

Martin und Milena verhielten sich deshalb sehr diskret und verrichteten ihre Arbeiten unauffällig. Zum Glück hatten sie ihren eigenen Wohnbereich und fühlten sich hier wie im siebten Himmel. Der tolle Garten, das großzügige Haus – alles war genau das, was sie sich immer gewünscht hatten. Und die Aussicht darauf, dass alles eines Tages ihnen gehören sollte, ließen sie besonders pfleglich mit den Dingen umgehen. Milena hatte Ewa zum Kaffee eingeladen und in ihren Deal eingeweiht. Ewa war sehr beeindruckt von dem tollen Anwesen. Das baute Milena auf. Sie fühlte sich wieder gleichwertig, wenn nicht sogar überlegen. Denn eine Villa hatte Ewa nicht vorweisen. Die leichten Spannungen zwischen ihnen waren danach wie weggeblasen. Sie beglückwünschten sich gegenseitig zu ihrem Erfolg.

Da keine Miete und keine Kosten für das tägliche Leben mehr anfielen, konnte sie nun auch aus dem Vollen schöpfen. Sie kaufte nun auch nicht mehr in den Billigläden ein, sondern wagte sich von nun an in die teuren, kleinen Boutiquen, meistens kamen sie mit vollen Taschen wieder heraus. Ihre gute Laune spiegelte sich in ihrem Gesicht wider und ihre posi-

tive Ausstrahlung übertrug sich auch auf ihre direkte Umgebung.
Die ganzen Zukunftsaussichten waren nun für beide großartig. Sie musten nur noch Frau Stegners Ableben abwarten und waren gemachte Leute. Aber bis dahin war das Leben trotzdem schön.

Der Antrag

Es war schon zum Verzweifeln. Drei Todesfälle kurz hintereinander ... das war schon etwas außergewöhnlich und Ewa beschäftigte der Gedanke sehr, ob sie etwas damit zu tun hatte.

Ziehe ich das Unglück an, fragte sie sich und ließ die letzten Monate Revue passieren. Erst Karl, der wie ein Vater zu ihr war. Sein Tod hatte ihr wirklich weh getan. Sie mochte ihn sehr. Bei Peter sah es schon etwas anders aus. Er ließ keinen nah an sich ran, sodass sein Ableben sie nicht so sehr belastete. Aber bei Otto flossen schon ein paar Tränen. Er war ein wirklich netter Mensch mit einem guten Herzen. Sein Herz war die Ursache für seinen schnellen Tod. Sie tröstete sich damit, dass er bereis ein hohes Alter erreicht hatte. Und allen dreien musste sie dankbar sein. Sie hatten sie zu einer wohlhabenden Frau gemacht. Sie konnte ihr Glück kaum fassen.

Und jetzt auch noch Anke!

Für Anke empfand sie emotional nur wenig. Sie hatte sie vorher nicht gekannt und nur ein relativ lebloses Wesen vorgefunden. Da war das nicht verwunderlich. Aber Hans wird bestimmt leiden. Schließlich hat er sie ja mal geliebt!

Sie durchschritt langsam ihre neue Penthousewohnung und überlegte bereits, was sie alles ändern wollte. Die Antiquitäten waren zwar toll, aber einfach zu viel. Sie wollte einige davon verkaufen und alles heller und freundlicher gestalten. Aber erst musste sie mal abwarten, wann das Amtsgericht wegen der Erb-

schaft auf sie zukam. Da wird schon viel Erbschaftssteuer auf einmal anfallen.
Die Leiche wurde bereits freigegeben. Man stellte, wie zu erwarten, kein Fremdverschulden fest. Hans war gerade beim Bestatter und regelte alles für die Beerdigungen. Er wollte einen Termin für alle mit dem Friedwald vereinbaren. So etwas hatte die Bestatter noch nie erlebt: drei Beerdigungen auf einmal. Das war schon außergewöhnlich und ihr skeptischer Blick war deshalb nicht verwunderlich. Er gab für jeden eine Namenstafel in Auftrag sowie ein zusätzliches Gemeinschaftsschild mit der Aufschrift ›Hier ruhen die vier Freunde des Klubs der fröhlichen Oldies‹.
Hans hatte ihr zwar alles genau erklärt, aber dennoch blieb ein Geschmäckle bei ihr zurück.
Aber, was soll's, dachte Ewa. Ich habe mir nichts zuschulden kommen lassen. Es ist, wie es ist. Basta!
Es klingelte. Hans kam ziemlich erschöpft vom Bestatter zurück.
»Dieser Scheiß Beamtenkram«, stöhnte er und ließ sich rücklings in das Sofa fallen.
»Machst du mir bitte einen Kaffee!«
»Gern! Klappt alles, wie gewünscht? «
»Ja, wir haben einen Termin für nächsten Mittwoch vereinbart. Dann erst sind die Urnen vom Krematorium zurück. Wir können also einen Aushang im Treppenhaus machen. Wer zur Trauerfeier kommen will, soll kommen. Ansonsten müssen wir ja niemanden informieren.«

Hans zog Ewa neben sich auf das Sofa und drückte ihr einen Kuss auf die Wange.
»Ich weiß, das ist jetzt vielleicht nicht der passende Moment. Aber ich habe mir auf der Heimfahrt ein paar Gedanken über uns gemacht.«
»Über uns? Ja was denn?«
»Warte, ich hol erst mal etwas Passendes für den Anlass. Bin gleich wieder da.«
Er eilte hinüber in seine Wohnung und kam mit einer Flasche Champagner wieder zurück. Nachdem er zwei Gläser gefüllt hatte, kniete er sich vor Ewa nieder und fragte sie mit einem ernsten Gesichtsausdruck: »Möchtest du meine Frau werden?«
Er hatte sich auf der Heimfahrt genau mit seiner Situation beschäftigt. Bald würde er dreiundsiebzig Jahre alt werden. Das war schon ein großer Schritt in Richtung Friedwald. Er hatte ja hautnah mit seinen Freunden erlebt, wie wichtig es war, jemanden an seiner Seite zu haben. Und Ewa erschien ihm genau die Richtige. Zumal er sich auch noch wirklich in sie verliebt hatte. Mit einer Heirat konnte er verhindern, dass sie sich vielleicht anders orientierte. Den großen Altersunterschied konnte er mit dem von Anke zu erwartenden Vermögen wieder wettmachen. Schließlich würde sie als seine Ehefrau nach seinem Tod alles erben. Ein Haus in Italien und das Penthouse, das war doch was.
Nun wartete er gespannt auf ihre Antwort.
Ewa war sichtlich verblüfft. Jeden Tag ein neues Ereignis – eigentlich etwas viel für ihre Nerven. Wenn-

gleich es diesmal eine verheißungsvolle Nachricht war, die sie völlig aufwühlte. Eben noch hatte sie sich Gedanken über die Umgestaltung der Penthousewohnung gemacht, und nun? Nun sollte sie über ganz neue Perspektiven nachdenken. »Hm ... ich bin sehr überrascht«, war alles, was sie herausbringen konnte.

»Lass dir Zeit. Ich habe dich jetzt damit überfallen. Aber du sollst wissen, dass ich mir ein Leben mit dir sehr gut vorstellen kann. Du würdest mich sehr glücklich machen.«

Ewa wollte nicht sofort zustimmen. Sie wollte es etwas spannender machen.

»Ich denke mal drüber nach und sage dir heute beim Abendessen Bescheid! Okay?«

»Na klar, so lange kann ich noch warten«, grinste er spitzbübisch und zog sie in seine Arme, um ihr einen leidenschaftlichen Kuss zu geben.

»Lass uns jetzt erst einmal die Beerdigungen hinter uns bringen, dann sehen wir weiter. Weißt du, diese paar Tage sollten wir allein schon aus Pietätsgründen einhalten.«

»Okay, ich sehe schon, du willst nur als verheiratete Frau mit mir ins Bett«, lachte Hans und küsste sie hinter dem Ohr.

Da war es wieder! Dieses wunderbar kribbelnde Gefühl, das sie bis zu den Zehenspitzen verspürte.

»Wenn du mich heute Abend mit deiner Antwort glücklich machst, vereinbare ich sofort einen Termin mit dem Standesamt und wir sind in ein paar Tagen verheiratet.«

»Na, bis heute Abend wirst du doch noch warten können. Lass mich jetzt erst einmal fürs Abendessen einkaufen. Ich mache uns ein Festessen mit allen Schikanen!«, lachte Ewa und schubste Hans langsam Richtung Wohnungstür.
»Bis nachher, meine Schöne!«, war das Letzte, was sie beim Schließen der Tür hören konnte.

Trauung

»Sie dürfen die Braut jetzt küssen!«, sagte der Standesbeamte, nachdem Hans und Ewa sich gegenseitig die Eheringe angesteckt hatten.

Martin und Milena klatschten Beifall. Sie waren die einzigen Anwesenden und als Trauzeugen mitgekommen.

Hans hatte einen Tisch für alle beim teuersten Italiener weit und breit reserviert und sie verbrachten einen opulenten kulinarischen Nachmittag.

Ewa sah bezaubernd aus. Sie hatte ein schlichtes, aber sehr elegantes rosa Kostüm an. Auf dem Kopf trug sie zum ersten Mal in ihrem Leben einen kleinen Organzahut mit breiter Krempe im selben Farbton. Sie sah zum Anbeißen aus.

Milena und Martin hatten sich auch sehr nobel herausgeputzt und Martin flüsterte Milena ins Ohr: »Das sollten wir auch bald machen.«

»Was meinst du?«, fragte Milena

»Na heiraten!«, grinste Martin und Milena schaute ihn mit dem Kopf nickend verliebt an.

Als Hans und Ewa endlich wieder allein zu Hause waren, war es schon spät. »Komm, lass uns noch einen Schluck trinken, meine Schöne.«

Ewa war völlig überwältigt von diesem Tag. Sie war zum ersten Mal in ihrem Leben die Hauptperson. Alles dreht sich um sie. Hans war sehr aufmerksam und liebevoll und auch Milena hatte sich sehr freundschaftlich verhalten und bewundernd über ihr Aussehen geäußert.

Sie war locker wie nie und prostete verliebt Hans zu, der bereits anfing, an ihren Reißverschluss zu hantieren. Bereitwillig ließ sie ihn gewähren; sie selbst knöpfte langsam sein Hemd auf. Immer unterbrochen durch zärtliche Küsse, die sich mehr und mehr leidenschaftlich steigerten.

»Wollen wir nicht lieber ins Schlafzimmer gehen?«, fragte Ewa etwas atemlos. »Das Sofa ist nicht so bequem.«

»Du hast recht! Komm!«

Hans packte Ewa am Handgelenk und zog die nur halb bekleidete Geliebte hinter sich her.

Nun zog sich Ewa vor seinen Augen ganz langsam aus. Genauso hatte sie es mal im Fernsehen gesehen. Dabei schaute sie ihm verführerisch in die Augen. Hans verstand die Aufforderung und entledigte sich, ohne den Blick von ihr abzuwenden, seiner restlichen Kleidung. Als sie sich nackt gegenüberstanden, sah Ewa zum ersten Mal seinen erigierten Penis, den sie zuvor nur beim Kuscheln gespürt hatte. Eine große Lust überkam sie. Wild umschlungen warfen sie sich aufs Bett und Hans zog alle Register seiner sexuellen Erfahrung, um Ewa glücklich zu machen. Es gab keine Stelle, die er nicht berührte oder küsste. Ewa stöhnte unter seinen Zärtlichkeiten und zitterte bereits, bevor er in sie eindrang. Sie schrie laut auf, als sie den ersten Orgasmus ihres Lebens erlebte. Wie eine Ertrinkende klammerte sie sich an seinen Körper, er drang wild in sie ein, während sie erneut aufschrie und sich aufbäumte. Sie spürte, dass Hans sich immer

langsamer in ihr bewegte, bis sie ihn kaum noch spürte und er plötzlich zur Seite rollte.
»Was ist?«, flüsterte Ewa in sein Ohr.
»Sorry, ich weiß es auch nicht. Das liegt bestimmt daran, dass ich so lange keinen Sex hatte«, meinte er sehr zerknirscht. Er konnte seine Erektion nicht länger aufrechthalten.
»Das macht doch nichts. Nur schade für dich. Für mich war es ganz wunder ... wunder ... wundervoll!«, begeisterte sich Ewa, die nun ausgepowert und sehr entspannt neben ihm lag.
»Das ist doch die Hauptsache!«
Er drückte Ewa ganz fest an sich und eng umschlungen schliefen sie bald danach ein.
Der Hochzeitsnacht folgten fast täglich neue Liebesnächte, die jedoch stets mit dem gleichen Resultat für Hans endeten. Ewa jedoch kam aufgrund seiner großen Erfahrung voll auf ihre Kosten, was für Hans die Hauptsache war.
Aber dennoch kam er sich leicht als Versager vor. Es kratzte an seinem Selbstbewusstsein. Schließlich hatte er eine junge Frau geheiratet, die Anspruch auf einen vollwertigen Sexpartner hatte. Na klar, das ist mein Alter, dachte er. Das ist völlig normal. Auch die Einnahme meiner Betablocker könnte ein Grund sein. Ich werde mich mal umschauen, was hier zu machen ist.
Er googelte durchs Internet und bestellte sich kurzerhand die berühmten blauen Pillen, die im Ausland ohne Rezept zu bestellen waren.

Gespannt wartete er auf die Lieferung, die auch schon nach wenigen Tagen eintraf. Ewa wollte er nichts davon sagen, das war ihm zu peinlich.
Er hatte begeisterte Berichte von älteren Männern gelesen. Heute Abend wollte er die erste Tablette mal ausprobieren.

Einpacken

Ewa war dabei aufzuräumen. Sie packte Kleidung und Kleinigkeiten von Peter in Kisten und wollte sie später in die Kleidersammlung geben.

Nun, da sich alles anders entwickelt hatte und sie eine glückliche Ehefrau war, wollte sie diese Wohnung leerräumen. Sie hatte schon einige Antiquitätenhändler angerufen und nächste Woche hatten sich bereits zwei für eine Besichtigung angemeldet.

Es war für sie selbstverständlich, dass sic mit Hans in der Schöneren der beiden Penthousewohnungen bleiben wollte. Die sehr moderne Einrichtung und die schönere Terrasse waren eher nach ihrem Geschmack. Sie war erfüllt von der Liebe ihres Mannes, erfüllt von dem Sex, der neu und unbeschreiblich für sie war. Noch schöner wäre es natürlich, wenn auch Hans mehr davon hätte, dachte sie oft. Das Alter ihres Mannes spielte für sie überhaupt keine Rolle. Nur selten ging ihr durch den Kopf, dass vielleicht schon bald alles vorbei sein könnte. Aber diesen Gedanken verdrängte sie. Sie wollte die Zeit mit Hans jede Sekunde genießen, solange es nur ging. Dass sie mittlerweile eine wohlhabende Frau war, mit einem ebenso wohlhabenden Mann, war auch nicht zu verachten.

Sie musste auch noch die Danksagungskarten für die Trauergäste verschicken. Trotz der Entfernung waren viele Hausbewohner zur Beerdigung nach Weilrod gekommen. Viele bestimmt aus reiner Neugier. Allen voran Frau Schneider, die sie immer so herablassend ansah.

»Und erst nach der Hochzeit! Da sind der fast die Augen rausgefallen«, erzählte sie Milena, die sich köstlich darüber amüsierte.
Hans brachte seinen Porsche in die Inspektion. Sie wollten nächste Woche nach Italien fahren und ihre Hochzeitsreise nachholen. Deshalb ging sie wieder in ihre Wohnung. Sie wollte die tollen Kleider von Anke probieren, die einen übervollen Schrank teuerster Klamotten hatte. Vieles davon müssten ihr mittlerweile passen, denn ihre Diät hatte die Pfunde purzeln lassen.
Sie achtete seit einiger Zeit mehr auf ausreichend frisches Obst und Gemüse. Weniger Fett und nur noch hochwertige, gesunde Zutaten und von allem etwas weniger. Das hatte sich ausgezahlt.

Die blaue Pille

Gutgelaunt kam Hans von der Werkstatt zurück. Sein Porsche stand für die Fahrt nach Italien in der Garage bereit und er freute sich schon auf die Fahrt in den Süden.

Es war bereits dunkel, der Tisch war gedeckt und es versprach ein schöner Abend zu werden.

Ewa hatte sich sehr bemüht und ein Vier-Gang-Menü gezaubert. Dazu ein köstlicher französischer Rotwein. Hans legte dazu eine CD mit Musik aus den Achtzigern ein, die Ewa so liebte. Draußen tobte ein mächtiger Wind und blies viel Laub von den umliegenden hohen Bäumen auf die Terrasse. Die Heizung lief bereits auf Hochtouren und der Elektro-Kamin verbreitete eine gemütliche Atmosphäre. Nach dem Essen kuschelten sie sich aufs Sofa und hörten sich Pavarottis mit ›Nessun Dorma‹ an. Wie immer bei diesem Lied bekam Ewa eine Gänsehaut und drückte sich noch näher an Hans heran.

»Ich bin gleich wieder da. Ich geh nur auf die Toilette«, meinte Hans und drückte Ewa noch einen dicken Kuss auf die Wange.

Jetzt war genau der richtige Zeitpunkt, seine blaue Tablette einzunehmen. In der Beschreibung stand, dass man eine halbe Stunde bis eine Stunde vorher eine Tablette schlucken sollte. Die Wirkung tritt dann mit der Erregung ein, stand auf dem Beipackzettel.

Erregt war Hans zwar jetzt schon, aber er wollte den Sex noch etwas hinauszögern, damit auch wirklich die gewünschte Wirkung eintrat. Er spürte seine Auf-

geregtheit und dass sein Blutdruck angestiegen war. Deshalb nahm er auch noch eine halbe Tablette von einem Betablocker dazu. Sicher ist sicher, dachte er. Ewa lächelte ihm schon entgegen, als er zurückkam und man sah ihren Augen an, dass sie auch an Sex dachte. Hans küsste sie und ließ seine Lippen auf Wanderschaft gehen. Er fing hinter den Ohren an, liebkoste ihre Brustwarzen und schob dabei sein Knie zwischen ihre Beine. Ewa war bereits so erregt, dass sie laut aufstöhnte und ebenfalls versuchte, seine Hose zu lösen. Aber immer wieder wand er sich zur Seite und küsste jeden Zentimeter ihrer Haut.
»Ich halt's nicht mehr aus! Komm!«, rief sie völlig aufgelöst und drängte ihn vom Sofa hoch ins Schlafzimmer. Dort zog sie sich in Windeseile aus und auch er schlüpfte, so schnell er konnte, aus seinen Kleidern. Er hatte bereits eine mächtige Erektion, die er bestimmt auch ohne Tablette bekommen hätte. Nur dass diese Standfestigkeit leider schnell wieder dahin war. Heute war es anders. Das spürte er sofort. Sein Penis stand aufrecht und felsenfest für Ewa zur Verfügung. Aber er wollte, dass sie vor Lust vergeht, bevor er in sie eindrang. Er wanderte mit seiner Zunge von den Füßen bis hoch zu ihren Schenkeln. Sie vibrierte und bäumte sich auf.
»Ich bitte dich, komm!«, schrie sie außer sich und nahm seinen Penis in die Hand und schob ihn zu sich. Das war auch für Hans nicht mehr auszuhalten. Er drang in sie ein und schon kurz darauf erlebte Ewa einen außerirdischen Orgasmus, der sie völlig an den

Rand des Wahnsinns brachte. Sie schrie laut auf und er presste sie mit aller Kraft an sich und küsste wild ihren Mund.
Es wurde eine Nacht, die sie niemals mehr vergessen sollte. Sie selbst tat Dinge, die sie vorher nicht für möglich gehalten hätte. Sie war in einem sexuellen Rausch und ein Orgasmus folgte dem anderen. Als endlich auch Hans seinen Höhepunkt erlebte, legte sie sich schweißgebadet und völlig erschöpft zurück.
Plötzlich fiel Hans stöhnend und laut röchelnd auf ihren Oberkörper. Als sie die Bettleuchte anknipste, sah sie, dass er ganz weiß im Gesicht war und blauviolette Lippen hatte.
Erschreckt sprang sie aus dem Bett und klopfte ihm panisch auf die Wangen.
»Hans, was ist? Hans, sag doch was? O, mein Gott, Hans, so sag doch was!«
Aber es kam keine Reaktion.
Sie eilte zum Telefon und rief die Notarztzentrale an, die auch schnell zu Stelle waren. Die vom Notarzt durchgeführten Reanimationsmaßnahmen blieben leider erfolglos. Er konnte ihm nicht mehr helfen und stellte nur noch Hans' Tod fest.
Ewa verarzteten sie mit einem Beruhigungsmittel, da sie kurz vor einem Kollaps war und einfach nicht begreifen konnte, was soeben passiert war.
Im Bad fanden die begleitenden Sanitäter die Schachtel mit den blauen Tabletten und seine Betablocker. Dann sahen sie sich die junge Frau an und wussten sofort, was hier passiert war. Es war nicht das erste

Mal, dass ein älterer Mann beim Sex einem plötzlichen Herztod erlag. Die Sache war für sie völlig klar. Es war die Überlastung des Herz-Kreislauf-Systems. Durch den hohen Blutdruck und Puls muss eine Arterie im Gehirn geplatzt sein oder Ablagerungen hatten sich gelöst und hatten die Arterien verschlossen. Der Arzt stellte einen Totenschein mit der Todesursache ›Plötzlicher Herztod‹ aus und orderte den Bestatter.

Allein

Zwei Wochen später konnte Ewa allmählich wieder einigermaßen klar denken. Milena hatte sich rührend um sie gekümmert und dafür gesorgt, dass sie wenigstens ein wenig aß. Sie hatte bereits etliche Kilo abgenommen und nur apathisch reagiert. So ganz langsam kam wieder etwas Leben in sie zurück und auch das ständige Weinen ließ nach.

Sie schickte Milena wieder nach Hause, weil sie allein sein wollte. Sie musste ihre Situation durchdenken und analysieren. Was sollte sie nun tun?

Im Schlafzimmer standen noch immer die gepackten Koffer für ihre Italienreise mit Hans.

Was war nur alles in letzter Zeit passiert? Gerade als sie so glücklich wie noch nie war, hatte das Schicksal wieder zugeschlagen. Immer wenn sie die Augen schloss, konnte sie Hans spüren und ganz besonders ihre letzte Nacht war wie eingemeißelt in ihrem Gedächtnis.

Aber es hilft ja nichts. Reiß dich zusammen, Ewa, befahl sie sich selbst.

Endlich hatte sie die Liebe erlebt! Eine glückliche, wenn auch kurze Zeit, die sie nie vergessen wird, hatte ihr Leben bereichert.

Sie zog Bilanz. Sie hatte vier Wohnungen, von denen sie drei vermieten konnte. Sie hatte ein Haus in Italien, das sie liebte. Und sie hatte die erfüllte Liebe kennengelernt. Das war doch mehr, als sie jemals zuvor erwartet hatte.

Die alte anpackende Ewa kehrte ganz langsam wieder zurück. Nach der Bestattung ließ sie alle drei Wohnungen zur Vermietung herrichten und fand seriöse Mieter. Von den Mieteinnahmen konnte sie sehr gut leben. Hinzu kam auch noch das Guthaben auf allen geerbten Konten. Was wollte sie eigentlich mehr?
Aber mit ihrer Gesundheit stimmte etwas nicht. Ihr war sehr oft übel und sie musste sich übergeben. Kein Wunder nach dem ganzen Stress, dachte sie. Aber als es nicht besser wurde, suchte sie einen Arzt auf.
»Frau Mehring, ich habe eine freudige Nachricht für Sie. Sie sind schwanger!«
Ewa weinte vor Glück und konnte es kaum fassen. Sie hatte etwas von Hans zurückbehalten, das sie von der ersten Sekunde an liebte. Was wollte sie denn noch mehr vom Leben?
Sie war eine reiche Frau mit einem Kind unter dem Herzen von einem geliebten Menschen.

Ende

Die Personen und Handlungen in diesem Buch sind frei erfunden.
Inspiriert für diesen Roman wurde ich durch eigene Erfahrungen
mit dem Thema Pflege innerhalb meiner Familie.
Etwaige Ähnlichkeiten mit tatsächlichen Begebenheiten,
mit lebenden oder verstorbenen Personen sind rein zufällig.

Vielleicht interessieren Sie auch meine beiden anderen bisher erschienenen Bücher, die beide als E-Book oder Taschenbuch erhältlich sind.

Leseprobe: Das Gift des Oleanders

Susannes Büro

»Was für ein stressiger Tag heute«, stöhnte Susanne ins Telefon. Sie lehnte sich in ihrem Bürostuhl zurück, dessen Lehne gefährlich ächzende Geräusche von sich gab und sie sogleich daran erinnerte, dass sie unbedingt beim Chef einen neuen Stuhl beantragen sollte. Überhaupt müsste das Büro wieder etwas überholt werden, dachte sie müde und abgespannt. Ein kurzer Blick in den gegenüberliegenden Spiegel signalisierte ihr, dass das Gleiche heute auch auf sie zutraf.

»Ich brauche unbedingt Tapetenwechsel«, stöhnte sie ins Telefon und rieb sich dabei sanft die Schläfen.

»Ich freu‘ mich auf einen gemütlichen Abend mit dir Bella, wir können uns ja vom Thailänder wieder etwas kommen lassen, was meinst du?«
Am anderen Ende der Leitung war freudige Zustimmung zu hören. Susanne dreht sich um und schaute lächelnd auf das liebevoll eingepackte Geschenk auf ihrem Aktenschrank.
»Ich bringe auch noch ein gutes Tröpfchen mit. Mein Chef hat mir gestern was spendiert. Wir machen uns dann wieder den üblich faulen Mädchenabend!«
Dabei schnurrte sie genüsslich ins Telefon und legte nebenbei ihre Akten ordentlich aufeinander.
»Ich komme wie immer gegen neunzehn Uhr am Bahnhof an. Also, tschüss Bella, bis später!«
Susanne legt langsam den Hörer auf und schaute nachdenklich aus dem Fenster. Sie überlegte, wie sie der Freundin heute Abend schonend beibringen konnte, dass ihr sogenannter ›Zukünftiger‹ schwul war. Das wird sie umhauen, dachte sie besorgt und packte in Gedanken versunken ihre Utensilien zusammen, da sie gleich Feierabend machen wollte.
Sie schaute noch kurz bei ihrem Chef ins Zimmer.
»Ich geh‘ heute eine halbe Stunde früher, Chef. Ich treffe mich mit Bella. Da genießen wir gleich mal den guten Tropfen, den Sie mir gestern geschenkt haben.«
Dazu schwenkte sie eine Rotweinflasche, an der ein bunter Anhänger mit Schleife hing.
»Die Unterlagen für Merkel & Co. habe ich bereits fertig. Wir können morgen präsentieren.«

»In Ordnung, Susanne! Einen schönen Abend wünsche ich«, gab Max Milde zur Antwort und schaute wohlwollend lächelnd über seinen Brillenrand.
Er mochte diese aufgeweckte, attraktive Person, die mit ihrer Meinung nie hinter dem Berg hielt und immer eine kreative und zuverlässige Mitarbeiterin war.
Susanne kaufte noch am gegenüberliegenden Kiosk einige Magazine. Die musste sie aus beruflichen Gründen regelmäßig nach Konkurrenzanzeigen durchsehen. Sie war Kontakterin der Max Milde Werbeagentur GmbH und Konkurrenzbeobachtung gehörte zu ihrem Job.
Zu ihrer Wohnung war es nicht weit. Mit viel Glück und der notwendigen Zähigkeit war es ihr gelungen, in der Nähe der Agentur, eine hübsche Altbauwohnung mit Balkon zu ergattern. Die war zwar ziemlich teuer, aber ideal geschnitten. Was sie an Miete mehr als üblich bezahlte, sparte sie an Benzinkosten wieder ein.
Auf ein Auto hatte sie inzwischen ganz verzichtet, da es hier im Frankfurter Westend ohnehin keine Parkplätze gab und sie sich fast ausschließlich nur in Frankfurt aufhielt. Außerdem konnte sie, wenn nötig, ein Firmenfahrzeug bekommen. Ihr Chef war da sehr großzügig.
Beschwingt betrat sie ihre hübsch eingerichtete Wohnung, legte ihre Tasche und die Magazine auf den Tisch und warf auf dem Weg zur Dusche ein Kleidungsstück nach dem anderen auf den Fußboden. Sie wollte sich erst frisch machen und ihren neuen, teuren Hosenanzug anziehen, den sie sich vorgestern in der Fressgasse gekauft hatte. Er sah einfach umwerfend aus und betonte ihre schlanke Figur ganz besonders.

Danach beabsichtigte sie, mit der S-Bahn zu Bella in den Taunus fahren, die sie dort wie üblich am Bahnhof abholen wollte.

Laura

»Diese verdammten Motorradfahrer!«, schimpfte Laura laut vor sich hin. Auf der nahen Uferstraße brausten wieder mehrere dieser Höllenmaschinen mit tosendem Lärm vorbei. Ausgerechnet in der Nähe ihrer Villa war die ansonsten kurvenreiche Strecke begradigt, sodass hier die meisten Motorradfreaks besonders stark den Gashahn aufdrehten. Zahlreiche Kreuze und hinterlegte Blumensträuße von trauernden Hinterbliebenen zeigten an, dass so mancher Raser auf dieser gefährlichen Straße sein Leben lassen musste. Die schrillen Sirenen der Ambulanz waren leider oft genug zu hören und die Gefährlichkeit dieser malerischen, aber kurvenreichen Straße, wurde nur allzu oft unterschätzt.
Laura atmete tief den Geruch des frisch gemähten Rasens ein, der sich mit dem Duft der leuchtend gelben Mimose vermischte. Sie schloss das Fenster zur überdachten Terrasse. Es war schon sehr warm für diese Jahreszeit, wodurch bereits die ersten Touristen angelockt wurden. Gerade jetzt zu Ostern kamen überwiegend Schweizer und Deutsche, die hier am Lago ein Ferienhaus oder eine Wohnung besaßen, um die ersten warmen Tage des Jahres zu genießen. Und weil es schon so herrlich warm war, hatten bereits viele Cabriofahrer ihre Verdecke geöffnet und genossen die herrlichen Blütendüfte, die ihnen aus den üppig bepflanzten Gärten entgegen wehten. Wer die

Sonne jetzt ungeschützt und unbekümmert in vollen Zügen genoss, konnte sich schnell den ersten Sonnenbrand einfangen. Sie hatte um diese Zeit hier am Lago Maggiore schon enorm viel Kraft und war sehr intensiv. Ja, selbst im Winter war es möglich, bei Sonnenschein auf der Terrasse zu liegen, die Schönheit des Sees und die meist schneebedeckten Berge zu genießen. Es war einfach ein wunderschönes Stückchen Erde hier rund um den See und Laura bedauerte keine Sekunde, ihre Wohnung in Milano aufgegeben zu haben. Wenn sie Lust hatte, das Stadtleben zu genießen, und das war in letzter Zeit sehr selten, setzte sie sich in ihren silberfarbenen Lancia. Wenn sie die Strecke über die Autobahn nahm, war sie in eineinhalb Stunden mitten in Milano zum Bummeln. Meistens besuchte sie dann einige alte Freunde, ging schick essen und war abends aber heilfroh, wenn sie dem Trubel der Großstadt wieder entfliehen und in ihr Refugium zurückkehren konnte. Spätestens dann, wenn sich das imposante schmiedeeiserne Tor zu ihrem Anwesen öffnete und sie durch ihren parkartigen Garten hoch zum Haus fuhr, fühlte sie sich glücklich und zufrieden.

Sie war froh über ihre Entscheidung, von Milano hier aufs Land gezogen zu sein. Denn trotz aller Schickeria, die sich auch hier mittlerweile breitmachte, war es doch eine ländliche Umgebung mit meist einfachen Leuten, die vor dem Touristenstrom Bauern und Fischer gewesen waren.

Inzwischen hatten viele Einheimische ihr Land an Deutsche, Schweizer und natürlich an Milaneser verkauft, die sich hier Ferienhäuser und Villen gebaut hatten. Manch einer bereute diesen Schritt heute, da er selbst die Immobilienpreise für sich und seine Kinder nicht mehr bezahlen konnte.

Laura rief nach Maria, ihrer bodenständigen und liebenswerten Haushälterin. Sie lebte mit ihrem Mann im früheren Gärtnerhaus. Lauras Vater, der Maria vor über dreißig Jahren als Haushälterin eingestellt hatte, bot ihr nach ihrer Heirat mit Alfredo das Gärtnerhaus zum kostenlosen Bewohnen an.

Sie und ihr Mann mussten dafür Haus und Garten pflegen und erhielten noch ein gutes monatliches Gehalt. Das besserte das geringe Einkommen von Alfredo auf, der in Intra als Bauarbeiter beschäftigt war.

Immer, wenn Laura und ihr Vater zum Lago kamen, wurde Maria kurz vorher telefonisch informiert. Sie bereitete dann alles vor, um ihnen einen angenehmen Aufenthalt zu gewährleisten.

Nachdem Laura letztes Jahr fest in die Villa umgezogen war, wurde dieser Rhythmus etwas verändert. Maria musste nun täglich das Frühstück vorbereiten und zur Mittagszeit einen leichten Imbiss servieren.

Ansonsten kümmerte sie sich um den Haushalt, ging einkaufen und war überhaupt das Mädchen für alles. Erst abends gab es für Laura die eigentliche Hauptmahlzeit, es sei denn, Laura hatte vor, zum Essen auszugehen.

Ihr Mann Alfredo erledigte die kleineren Ausbesserungsarbeiten und pflegte den Garten. Er war handwerklich sehr geschickt, aber für die etwas feineren gärtnerischen Belange nicht so gut zu gebrauchen. Dafür war er einfach zu unwissend in botanischen Angelegenheiten. Aber Bäume schneiden, Rasen mähen und hier und da mal etwas umpflanzen, dafür konnte man ihn gut einsetzen. Alles andere behielt sie sich selbst vor.

Gartenarbeit machte ihr Spaß und gerade jetzt im Frühling, wenn alles aus dem Winterschlaf erwachte, freute sie sich auf ihren täglichen Gartenrundgang nach dem Frühstück. Dann genoss sie den herrlichen Blütenduft, der ihr aus jedem Winkel des Gartens entgegen wehte. Sie betrachtete jede Pflanze ganz genau und wunderte sich, wie schnell und problemlos hier alles am Wachsen war.

Meist verließ sie ihr Bett nicht vor neun, halb zehn. Zuerst trödelte sie im Bad lange herum, machte etwas Gymnastik und nahm erst nach dem Anziehen ein leichtes Frühstück ein. Es bestand, wie in Italien üblich, aus Caffè lungo mit ein bis zwei Brioche – fertig.

Weil sie sich nun die neu gewonnene Freiheit nahm, lange zu schlafen, stellte ihr Maria das Frühstück stets abgedeckt vor die Schlafzimmertür.

Sie empfand es als Luxus, nicht mehr mit der Stoppuhr aufstehen zu müssen, nicht ins Büro zu hetzen und bereits um neun Uhr die ersten Termine zu haben. Deshalb wollte sie Maria um diese Zeit auch noch nicht um sich haben. Sie wollte keinerlei Zwänge mehr und zukünftig nach Lust und Laune in den Tag leben und das Leben genießen. Ihr morgendliches Frühstück nahm sie in ihrem sehr geräumigen Schlafzimmer im ersten Stockwerk ein. Von hier aus hatte sie einen exorbitanten Blick über den See und die Berge.

Leseprobe: Die Toten von Ascona

Silvia kauft ein

»Wie gefällt ihnen denn dieser Mantel?«, fragte die junge Boutique-Verkäuferin mit einem gequält süffisanten Lächeln und reichte ihn schwungvoll der eleganten Dame in die Umkleidekabine. Ohne jedoch den Vorhang zur Seite zu ziehen. Zugleich schaute sie mit einem verdrossenen Blick zu ihrer älteren Kollegin und verdrehte dabei genervt die Augen. Aber so, dass es die Kundin nicht sehen konnte. Dann machte sie ein paar eindeutige Faxen und tippte geräuschlos auf ihre Armbanduhr, um ihrer Kollegin zu signalisieren, dass bereits in wenigen Minuten Feierabend sei.

Die amüsiert schauende Kollegin grinste sie mit einem Achselzucken nur verschmitzt an und war bereits dabei, die anprobierte und verstreut herum liegende Ware wieder ins Regal zu räumen.

Konnten denn diese exzentrischen Kundinnen, die doch den ganzen Tag nichts anderes zu tun hatten, nicht früher einkaufen gehen? Aber nein, kurz vor Laden-

schluss müssen ja diese verwöhnten Ladys unsereins drangsalieren, dachte sie ärgerlich. Denn sie wollte heute zügig fertig werden und den Laden sofort nach Ladenschluss verlassen. Sie hatte sich mit ihrem Mann in einem Restaurant verabredet.
Es war bereits der sechste Mantel, der herbeigeholt wurde und keiner wollte der anspruchsvollen Kundin so recht gefallen.
»Sehr wählerisch, die Dame«, zischte die jüngere Verkäuferin leise ihrer Kollegin im Vorbeigehen zu und zog einen weiteren Mantel aus dem Kleiderständer.
»Bitte bringen Sie mir diesen eine Nummer kleiner«, tönte es gleich darauf arrogant aus der Kabine. Ein braun gebrannter ausgestreckter Arm, mit reichlich Schmuck behangen, reichte einen dunkelblauen Kaschmirmantel aus der leicht geöffneten Kabinentür heraus.
»Sehr gern, Signora Sandter!«
Sie holte eilig den Mantel in einer kleineren Größe und gab ihn an die Kundin mit einem »Prego Signora« weiter. Kurz darauf öffnete sich mit einem Schwung die Kabinentür und Signora Sandter, eine gepflegte und elegante Mittvierzigerin, trat heraus und schaute sich selbstgefällig im Spiegel an.
»Nun, was meinen Sie? Der sieht doch gut aus, oder?« Dabei drehte sie sich schwungvoll nach allen Seiten und lächelte ihrem Spiegelbild selbstgefällig zu.
Ohne eine Antwort auf ihre Frage abzuwarten, meinte sie bestimmt: »Ja, der ist schön, den nehme ich. Bitte legen Sie ihn zu den anderen Sachen und schicken Sie mir alles zusammen nach Hause. Die Adresse haben Sie ja.«

»Sehr gern Signora. Da haben Sie sich ja wieder einmal das beste Stück ausgesucht. Wie immer haben Sie einen exzellenten Geschmack bewiesen«, säuselte die Verkäuferin und nahm den Mantel in Empfang, um ihn zu den anderen, nicht weniger teuren Kleidungsstücken, auf den Tresen zu legen.

Die Kundin reichte ihr ihre Kreditkarte und die übliche Bezahl-Prozedur wurde in der kleinen, exklusiven Boutique abgewickelt.

»Einen schönen Tag noch und beehren Sie uns bald wieder«, flötete sie der Kundin beim Öffnen der Ladentür hinterher und schaute noch einige Sekunden neidisch der eleganten Frau nach, bis diese die Straße überquert hatte.

»So ein Leben wie die möchte ich auch mal haben. Gerade mal so nebenbei viertausend Franken ausgeben. Und alles natürlich nur vom Feinsten«, seufzte sie neidisch und wiegte dabei ihren Kopf hin und her.

Schnell schloss sie die Ladentür ab und schaute dabei ihre Kollegin, die bereits im Mantel vor ihr stand, mit einem bedauernden Achselzucken an.

Silvia Sandter war eine auffällige Erscheinung. Stets perfekt und teuer gekleidet, mit einer untadeligen Frisur und nie ohne eines ihrer wertvollen Schmuckstücke.

Dass sie der gehobenen Gesellschaftsschicht angehörte, sah man auf den ersten Blick und sie demonstrierte dies auch gern in der Öffentlichkeit. Es war ihr wichtig, dass jeder hier in Ascona sie mit gebührendem Respekt behandelte. Niemals sollte man auch nur annähernd vermuten, dass sie vielleicht aus ärmlichen Verhältnissen stammen könnte. Dieser Gedanke war ihr unerträglich.

Für die Leute war sie die schöne Ehefrau von Philipp Sandter, dem erfolgreichen und äußerst betuchten deutschen Anlageberater, der mit ihr oben in Ascona, ganz in der Nähe des ›Monte Verità‹, dem Berg der Wahrheit, in einer Luxusvilla wohnte und ein sehr zurückgezogenes Leben führte.
Man tuschelte, dass er sich ganz vom Berufsleben zurückgezogen habe. Aber etwas Genaues wusste niemand so recht.
Man war diskret in dieser noblen, italienischsprachigen Ecke der Schweiz, in der so einige Millionäre aus aller Herren Länder ihr Domizil aufgeschlagen hatten.
Und alle lebten gut davon. Der Kanton, der die Steuern kassierte, die Handwerker, die immer gut zu tun hatten, wie auch die Geschäftsinhaber der teuren, exklusiven Läden, die gern die Fränkli der Reichen entgegennahmen. Und Habenichtse wollte man hier sowieso nicht haben, die sollten sich besser fernhalten und diesen exklusiven Ort am besten meiden.
Silvia schlenderte langsam durch die engen Gassen der Altstadt von Ascona, bevor sie sich zum Abschluss ihres Einkaufsbummels an einen der kleinen Restauranttische auf der ›Piazza Motta‹ setzte, um in der warmen Herbstsonne noch ein Glas Champagner zu trinken. Sie hatte noch keine Lust nach Hause zu gehen – in ihre Einöde – wie sie ihr neues Domizil gern nannte.
Seit ihrem Umzug vor einem Jahr von Frankfurt nach Ascona lebte sie mit ihrem Mann sehr zurückgezogen. Was sie aber so gar nicht freute. Sie war eine gesellige Natur, die gern im Mittelpunkt gesellschaftlicher Ereig-

nisse stand und ihr unfreiwilliger Rückzug aus dem Frankfurter Gesellschaftsleben entsprach überhaupt nicht ihren Vorstellungen.

Sie nahm es Philipp übel, dass sie beide seit ihrem Umzug keine Einladungen mehr ausgesprochen hatten. Er sträubte sich auch gegen jegliche Versuche ihrerseits, Einladungen anzunehmen. Geschweige denn, selbst welche auszusprechen. Lediglich die umliegenden Nachbarn durfte sie nach längerem Lamentieren auf einen kleinen Begrüßungsschluck einladen. Aber es waren alles nur ältere Leute, die schon sehr lange hier wohnten und deshalb für sie nicht von Interesse. Sie verstand Philipp überhaupt nicht und sehnte sich zurück nach Frankfurt. Dort hatte sie ihren eigenen Freundeskreis, unabhängig von ihrem Mann, der fast immer nur in Geschäften unterwegs war. Sie war Mitglied im Golf- und Tennisklub, wenn auch in beiden Sportarten nicht besonders erfolgreich. Aber das Klubleben bot ihr zwangsläufig die gesellschaftliche Abwechslung, die sie brauchte. Die vielen Feste und die kleineren Flirts mit den männlichen Mitgliedern waren für sie das Lebenselixier, das sie beflügelte. Auch die eine oder andere Affäre hatte sich hier angebahnt. Sie brauchte die Bewunderung der Männer und eine Bestätigung dafür, begehrt zu werden. Das alles vermisste sie schmerzlich, seit sie hier an den See gezogen waren. Aber sie hatte keine andere Wahl, wollte sie nicht auf all den Luxus verzichten.

Philipp hatte sich schon seit einiger Zeit sehr verändert. Er konnte und wollte ihr das alles nicht mehr bieten. Sie verstand ihn immer weniger.

Als sie Philipp kennenlernte, war sie vierundzwanzig Jahre alt und anfangs tatsächlich in ihn verliebt. Wenn sie auch heute nicht mehr genau sagen konnte, wen sie mehr geliebt hatte, ihn oder sein Geld. Er war zwanzig Jahre älter als sie, war damals vierundvierzig Jahre alt und sah wirklich sehr gut aus. Groß, leicht ergraute Schläfen, schöne braune Augen und stets sehr gepflegt. Wenn er sie mit seinem Jaguar von ihrer damaligen Firma abholte, in der sie als zweite Sekretärin beschäftigt war, spürte sie die neidischen Blicke ihrer Kolleginnen, die ihr vom Fenster aus nachsahen.
Zur anfänglichen Verliebtheit kam jedoch schon bald die Berechnung und ihr war klar, dass sie sich diesen Mann unbedingt angeln musste. Sie hatte sicherheitshalber ein bisschen nachgeholfen und heimlich die Pille abgesetzt. Deshalb war es nicht verwunderlich, dass sie kurz darauf schwanger wurde. Genauso hatte sie sich das vorgestellt. Und ihr Plan sollte aufgehen.
Philipp fiel anfangs aus allen Wolken und war sehr überrascht. Ja fast schockiert. Natürlich hatte er vorausgesetzt, dass Silvia die Pille nahm. Trotzdem machte er ihr, wie von ihr kalkuliert, einen Heiratsantrag und es gab für sie kein Halten mehr. Diesen Mann wollte sie heiraten und endlich so leben, wie es sich für sie gehörte. Luxuriös und ohne Sorgen für die Zukunft.
Dass sie im sechsten Monat eine Fehlgeburt hatte, konnte sie schließlich nicht vorhersehen, aber es kam ihr nicht ungelegen, da sie eigentlich überhaupt keine Kinder haben wollte und ihre Schwangerschaft nur ein Mittel zum Zweck war. Und dieser Zweck war erfüllt. Philipp

hatte sie aus Anstand geheiratet, wie sie anfangs dachte. Nach ihrer Fehlgeburt merke sie aber sehr schnell, dass auch ihm Kinder unwichtig waren. Mittlerweile wusste sie, das hatte er ihr in einem Streit gesagt, dass er sie nur geheiratet hatte, weil er ein junges, hübsches und repräsentatives Aushängeschild als Geschäftsmann brauchte, das er auf Veranstaltungen und Partys vorzeigen konnte. Sozusagen als schmückendes Beiwerk zu seiner Person. Schließlich war sie damals, wie auch heute, eine wunderschöne Frau, nach der sich nicht nur die Männer umdrehten.

Seine Liebe zu ihr hielt sich demnach in Grenzen und sie war sich nicht sicher, ob er sie überhaupt jemals geliebt hatte. Er sah in ihr die attraktive Frau an seiner Seite, die ihm den ganzen unangenehmen Kleinkram der unvermeidlichen privaten Dinge abnahm.

Sie bekam ein großzügiges Budget, um den Haushalt zu führen und die Villa, mit nobler Frankfurter Adresse, zu einem gesellschaftlichen Treffpunkt für wichtige und einflussreiche Leute zu machen. Das erwartete Philipp von ihr. Sie musste funktionieren und repräsentieren, und das tat sie auch.

Er dagegen lebte bis zu ihrem Umzug nach Ascona ganz und gar für seinen Beruf. Er kam immer sehr spät nach Hause und war nur darum bemüht, immer noch mehr Geld zu machen, was ihm auch reichlich gelang.

Obwohl Silvia sehr eitel war und es an ihrem Image kratzte, dass er ihr nicht restlos verfallen war, war es ihr mehr und mehr egal, was er für sie empfand. Solange sie nur tun und lassen konnte, was sie wollte. Hauptsache es

ging ihr gut und sie konnte all die schönen Dinge kaufen, die ihr gefielen. Nie wollte sie, wie früher, jeden Pfennig dreimal umdrehen.
Sie war vaterlos aufgewachsen. Ihr Erzeuger hatte sich schon vor ihrer Geburt aus dem Staub gemacht und sich nie wieder sehen lassen. So flossen auch keine Alimente. Und ihre Mutter, die damals noch sehr jung war und nur eine schlecht bezahlte Stelle als Sachbearbeiterin in einer Versicherung hatte, musste sehen, wie sie mit ihrem unehelichen Kind über die Runden kam.
Sie lebte mit ihr in einer kleinen Sozialbauwohnung am Rande der Stadt. Stets war das Geld knapp und die schönen Dinge, für die sie sich schon immer begeistern konnte, waren unerreichbar. Nie konnte sie mit ihren Klassenkameradinnen mithalten, die fast ausnahmslos aus einem guten Elternhaus stammten und stets die angesagten Klamotten trugen. Das war wohl mit einer der Gründe, warum sie zwei Jahre vor dem Abitur die Schule verließ und eine Sekretärinnen-Schule besuchte, um möglichst schnell an eigenes Geld zu kommen.
»Sieh zu, dass du mal reich heiratest und dass es dir nicht so wie mir ergeht«, war der Standardsatz ihrer Mutter, seit Silvia in die Pubertät kam.
Deshalb war ihre Freude besonders groß, als Silvia ihr Philipp als zukünftigen Schwiegersohn vorstellte. Das war genau das Leben, das sie sich für ihre Tochter gewünscht hatte. Und ein bisschen profitierte sie ja auch davon, denn Philipp überwies ihr ein monatliches Taschengeld, von dem sie allein schon ihre Miete bezahlen konnte.

Beide als Leseprobe vorgestellten Bücher gibt es auch als günstigen Doppelband!

Irgendwann ist alles Vergangenheit. Unsere Zeit auf Erden ist ein großes Geschenk und viele Momente können nur durch Erinnerungen wieder aufleben. Ich möchte Sie mitnehmen auf eine Reise in die Vergangenheit. Fühlen, riechen und spüren Sie, wie es damals war und lassen Sie in Ihrer Fantasie die Kutsche vorfahren. Wir befinden uns in Frankfurt am Main und in Lissabon Anfang 1900.

Erzählt wird eine Familiengeschichte, die für die damalige Zeit außergewöhnlich war.

Sophie und Johann, ein junges Frankfurter Ehepaar, das gerade erst ein Baby bekommen hat, starten mutig in ein neues Leben. Sie ziehen in ein altes Haus direkt am Tejo, mit Blick auf Lissabon. Während der Mann als technischer Direktor in der damals größten Korkfabrik Portugals mit an der Spitze der Geschäftsleitung steht, verwandelt seine junge Frau das gemeinsame Zuhause peu à peu in ein Schmuckstück mit traumhaftem Garten. Bald schon sitzen sie mit fünf Kindern um einen großen Tisch und führen ein unbeschwertes, großartiges Leben. Es ist genau so,
wie Sophie es sich immer gewünscht hat. Bis zu dem Tag, als Deutschland 1916 Portugal den Krieg erklärt. Alles bricht wie ein Kartenhaus zusammen. Steigen Sie also in die Kutsche ein und reisen Sie mit in die Vergangenheit!

Das Buch ist

als E-Book oder

Taschenbuch

im

Online-Buchhandel

erhältlich.

Warum nicht auch mal Gedichte?

Gedichte sind nicht jedermanns Sache. Aber vielleicht erfreuen Sie sich dennoch an den amüsant zu lesenden Gedichten der Autorin, die tagtäglich mit einem Augenzwinkern Leichtfüßiges und Tiefsinniges miteinander vermischt und sich selbst auf die Schippe nimmt. Lesen Sie ihren poetischen Reigen. Mal lustig, mal sinnlich, mal melancholisch, aber stets ein Genuss für die Seele ...
Zudem sind beide Taschenbücher ein ideales Geschenk für Freunde und Bekannte.

Als E-Book oder Taschenbuch im Handel erhältlich!